康养产业理论与实践系列研究 · 总主编 张旭辉

KANGYANG CHANYE
BIAOZHUNHUA YANJIU

康养产业
标准化研究

雷应朝 / 著

中国财经出版传媒集团
经济科学出版社
Economic Science Press
·北京·

图书在版编目（CIP）数据

康养产业标准化研究/雷应朝著．－－北京：经济科学出版社，2023.12

（康养产业理论与实践系列研究/张旭辉总主编）

ISBN 978 – 7 – 5218 – 5388 – 9

Ⅰ.①康… Ⅱ.①雷… Ⅲ.①养老－服务业－产业发展－标准化－研究－中国 Ⅳ.①F726.99

中国国家版本馆 CIP 数据核字（2023）第 241145 号

责任编辑：刘　丽
责任校对：王京宁
责任印制：范　艳

康养产业标准化研究

雷应朝　著

经济科学出版社出版、发行　新华书店经销
社址：北京市海淀区阜成路甲 28 号　邮编：100142
总编部电话：010 - 88191217　发行部电话：010 - 88191522
网址：www.esp.com.cn
电子邮箱：esp@esp.com.cn
天猫网店：经济科学出版社旗舰店
网址：http://jjkxcbs.tmall.com
北京季蜂印刷有限公司印装
710×1000　16 开　10.75 印张　150000 字
2023 年 12 月第 1 版　2023 年 12 月第 1 次印刷
ISBN 978 - 7 - 5218 - 5388 - 9　定价：60.00 元
（图书出现印装问题，本社负责调换。电话：010 - 88191545）
（版权所有　侵权必究　打击盗版　举报热线：010 - 88191661
QQ：2242791300　营销中心电话：010 - 88191537
电子邮箱：dbts@esp.com.cn）

康养产业理论与实践系列研究

编 委 会

顾 问： 罗仲平

主 任： 胥 刚　蒋永穆

副主任： 石维富　张旭辉

成 员：

张旭辉　李 博　房红　兰 玛　杨勇攀　雷应朝
肖 亮　冯 奇　包家新　李 杰　马东艳　尹 茜
李仁莉　张 欣　李学武　张 磊　邱 超　李 强

总 序

一、肇始新路：迈步新时代的中国康养产业

就个人而言，健康既是最基本的需要，又是最终极的需要；就社会而言，健康既是人类一切经济社会活动得以展开的前提，也是经济社会发展的最终目标。作为5000年辉煌文明绵延不绝的国家，中华民族早自商周时期，便开始了对各类强身健体、延年益寿方式的探究，其后更开创了深具辩证思想与中华特色的传统医学体系和养生文化。我国传统医学中"治未病"的思想及其指导下的长期实践，在保障国民身体健康中持续地发挥着巨大的作用。相对于西方医学，传统中国在强身健体领域的理论与实践内在地契合现代医疗健康理念从疾病主导型向健康主导型的转变趋势。

但受制于发展水平和物质技术条件的限制，"早熟而晚成"的传统中国，长期陷入"低水平均衡陷阱"而难以自拔。亿兆生民虽终日劳碌仍求温饱而难得，更遑论对健康长寿的现实追求。逮至16~18世纪中西方发展进入"大分流"时代，双方发展差距渐次拉大。西方政治—经济—军事霸权复合体携炮舰与商船迅速叩开古老中国的大门。白银的长期外流摧毁了晚清的经济体系，鸦片的肆虐则同时摧毁了国民的身体与精神。

由是，国民之健康与否不再仅仅是一种个体的表现，而是成为国家机体是否健康的表征，深切地与中国能否作为一个合格的现代国家自立于世界民族之林这样的宏大命题紧密关联。是以，才有年轻的周树人（鲁迅）受激于国民的愚弱，愤而弃医从文，以求唤起民众，改造精神。

是以，才有青年毛泽东忧于"国力苶弱，武风不振，民族之体质，日趋轻细"，愤而发出"文明其精神，野蛮其体魄"的呼声。彼时，帝制已被推翻，民国得以建立。然而先是军阀混战，继而日寇入侵，兵连祸结，民不聊生。内忧外患之下，反动贪腐的国民政府自顾尚且不暇，又何来对国民健康之关注与投入。

直到 1949 年中华人民共和国成立，中国之医疗卫生事业才得以开启新路。在中国共产党的领导下，新中国医疗卫生事业取得了辉煌的成就，被世界卫生组织誉为"发展中国家的典范"。计划经济时期，通过三级医疗卫生服务体系、"赤脚医生"、合作医疗等制度创新和独特实践在全国范围内建立了全球规模最大的公共卫生体系，保障了全体人民都能享受到最基本、最公平的医疗服务。改革开放时期，医疗卫生事业市场化改革深入推进，医疗卫生机构被赋予更多自主权，民间资本得以允许举办医疗机构，大幅拓宽了医疗卫生资源的供给渠道，缺医少药情况有了根本性的改观。同时，启动多轮医改，力求探索出"医改这一世界性难题的中国式解决办法"，以建设好"维护十几亿人民健康福祉的重大民生工程"。

进入新时代，我国社会的主要矛盾由"人民日益增长的物质文化需要与落后的社会生产之间的矛盾"转化为"人民日益增长的美好生活需要和不平衡不充分的发展之间的矛盾"。广大人民群众对健康的需要进一步提升。"民之所忧，我必念之；民之所盼，我必行之"。2015 年，"健康中国"上升为国家战略；2016 年，《"健康中国 2030"规划纲要》出台；2021 年，《中华人民共和国国民经济和社会发展第十四个五年规划和 2035 年远景目标纲要》对全面推进"健康中国建设"进行了专门部署；2022 年，党的二十大报告再次强调"推进健康中国建设，把保障人民健康放在优先发展的战略位置"。中国的卫生健康事业正按照习近平总书记"树立大卫生、大健康的观念"的要求，从"以治病为中心转变为以人民健康为中心"。狭义的医疗卫生事业也扩展为大健康产业，其内涵、外延均变得更加丰富。作为"健康中国"五大建设任务之一的"健康产业发展"，在新时代得以开启蓬勃发展的新阶段。

二、道启新篇：康养产业发展亟需理论与实践创新

人民健康是民族昌盛和国家富强的重要标志。推进"健康中国"建设，既是全面建成小康社会、基本实现社会主义现代化的重要基础，更是全面提升中华民族健康素质、实现人民健康与经济社会协调发展的时代要求。推动康养产业发展构成了推进"健康中国"战略的重要抓手。然而客观地评价，虽然发展康养产业日渐成为投资热点，但总体上仍处于较为粗放的发展阶段。与之相对照，学术界对康养产业的关注虽持续走高，但同样处于起步阶段。现有成果主要集中在对康养产业的概念、内涵以及各地康养产业发展现状和前景的描述性分析上。对康养产业结构演进趋势、发展业态、发展模式、评价指标体系等的研究尚待深入。在康养政策法规、技术与服务标准等对产业发展具有重要支撑作用的研究领域尚未有效开展。新时代我国康养产业的高质量发展亟需理论与实践的双重创新。

在这样的背景下，"康养产业理论与实践系列研究"丛书的付梓可谓恰逢其时。丛书共包括六本，既相互独立又具有内在的逻辑关联；既注重对康养产业发展基础理论体系的构建，也兼顾对典型实践探索的经验总结；既注重对现有理论的充分借鉴并结合康养产业实际，对康养产业发展动力机制、投融资机制、发展模式与路径展开深层的学理化阐释，也兼顾产业竞争力评价、发展政策、产业标准等方面的应用性研究。丛书突破单一研究视野狭窄、以个案式分析为主的不足，构筑了一个较为完整的康养产业发展理论与实践体系。

具体而言，《康养产业发展理论与创新实践》起着总纲的作用，分康养产业发展理论与康养产业创新实践上下两篇。理论部分从宏观视角回顾了我国康养产业发展的历史脉络与发展趋势、国内外康养产业典型经验，构建了康养产业的产业经济学研究框架和公共经济学研究框架，建立了康养产业发展的理论基础，对康养产业统计检测与评价体系等进行了深入的分析。产业实践部分对攀枝花、秦皇岛、重庆石柱等的康养产业创新探索进行了总结提炼。《康养产业发展动力机制与模式研究》采用

宏微观结合的研究视角，分析康养产业产生的经济社会背景，聚焦于康养产业融合发展的动力机制的学理分析和典型模式的经验总结，并对未来康养产业的演进趋势展开前瞻性分析。康养产业涉及范围广、投资周期长，其高质量发展对于大规模资金的持续有效投入有较高的需求。《康养产业投融资机制研究》从康养产业的产业属性出发，构建了多主体参与、多方式协调配合的投融资体系。《康养产业竞争力评价研究》构建了一个涵盖自然资源、医疗资源、养老服务、政策环境等因素的产业竞争力评价体系，从而为不同区域甄别康养产业发展优势和不足提供了一个可供参考的框架，也为差异化的政策设计提供了参考。科学而具有前瞻性的产业发展政策是康养产业高质量发展的重要支撑。《中国康养产业发展政策研究》以时间为序，从康养产业财税政策、金融政策、土地供应、人才政策、医养结合政策、"康养+"产业政策六大方面对政策分类进行了系统的整理、统编、评述和前瞻，全面总结了中国康养产业发展政策方面的现有成果，并就未来政策的完善与创新进行了深入的分析。《康养产业标准化研究》则充分借鉴国际经验，结合我国的实际，就康养产业标准化的内容与体系、标准化实施与效果评价展开分析。

尤需说明的是，丛书作者所在的城市——攀枝花市是我国典型的老工业基地和资源型城市，有光荣的传统和辉煌时期。进入新时代，显然需要按照新发展理念构建新的格局，探索新的发展动力，创新发展业态，由此康养产业应运而生，也成为了我国康养产业发展的首倡者、先行者与引领者，其在康养领域多维多元的丰富实践和开拓创新为产业界和学术界所关注。丛书的作者均为攀枝花学院"中国攀西康养产业发展研究中心"——四川省唯一一个以康养产业为主题的省级社科重点研究基地的专兼职研究人员。也正是在这个团队的引领下，攀枝花学院近年来深耕康养研究，成为国内康养研究领域发文数量最多的研究机构。而"康养产业理论与实践系列研究"丛书，正是诞生于这样的背景之下，理论探索与实践开拓相互促进，学术研究与区域发展深度融合，可谓扎根中国大地做学问的一个鲜活示范。该丛书的出版，不仅对于指导本地区的康养产业高质量持续发展，而且对全省乃至全国同类型地区康养产业的发展都有指导和借鉴的意义。

展望未来，康养产业具有广阔的发展前景，是一个充满机遇与挑战的领域，需要我们以开放的心态和创新的思维去面对和解决其中的问题。随着技术的不断创新、政策的不断优化、人们健康观念的不断提升，康养产业将会在未来发挥更加重要的作用。同时，也需要我们不断探索、不断实践，推动康养产业的健康发展，"康养产业理论与实践系列研究"就是一次有益的尝试和探索。相信今后在各方的共同努力下，我国的康养产业将会迎来更加美好的明天。

是以为序，以志当下，更待来者！

2023 年 9 月 20 日于成都

前 言

国家主席习近平致第 39 届国际标准化组织（ISO）大会的贺信中指出：标准是人类文明进步的成果。从中国古代的"车同轨、书同文"，到现代工业规模化生产，都是标准化的生动实践。伴随着经济全球化深入发展，标准化在便利经贸往来、支撑产业发展、促进科技进步、规范社会治理中的作用日益凸显。标准已成为世界"通用语言"。世界需要标准协同发展，标准促进世界互联互通。

标准是经济活动和社会发展的技术支撑，是国家基础性制度的重要方面。现行标准化建设在技术创新、产业标准化、标准国际化、绿色发展标准化等方面还难以适应满足人民日益增长的美好生活需要为目标的高效、公平和绿色可持续的高质量发展的要求。

随着社会的快速发展，人们越来越关注健康和养老问题。康养产业作为国家战略性支柱产业之一，对于满足人民群众日益增长的健康和养老需求具有重要意义。为了推动康养产业的高质量发展，标准化建设必不可少。只有建立完善的标准体系，才能够提高康养产业的整体水平，保障人民群众的健康权益，同时也才能够促进康养产业的国际合作和交流。

本书分别从康养产业标准化的理论基础、方法与技术、康养产业分类及体系、康养产业标准化发展介绍、康养服务标准介绍、康养产业标准化实施与效果评价、结论与展望这七个方面展开论述。本书的特点包括：一是在研究视角方面的创新。目前国内外对康养产业的研究较多，但对康养产业标准方面开展的研究较少，本书专门聚焦康养产业标准化方面的研究，在研究视角上具有一定创新性。二是在研究内容方面的创新。本书对康养产业标准化进行了剖析，同时列举了案例和相关标准，具有针对性和实用性，具有一定创新性。本书旨在对康养产业标准化的现状进行梳理，分析其存在的问题和不足，并提出相应的对策和建议，以期为康养产业标准化发展提供有益的参考和启示。

  康养产业标准化首先有助于规范康养市场。通过制定一系列统一的标准，可以对康养市场进行有效的监管，遏制恶性竞争，促进市场的公平、公正和有序。其次有助于提升康养服务质量。通过规范康养服务流程、提高服务人员素质、完善设备设施等手段，康养产业标准化能够确保康养人群享受到优质、高效的服务。再次有助于推动康养产业技术创新。标准化为康养产业的技术创新提供了良好的平台，有助于加快新技术、新产品的研发和推广应用。最后有助于培养康养专业人才。通过制定明确的培训标准和建立完善的培训体系，康养产业标准化能够提高康养服务人员的专业素质和服务水平，为康养产业的发展提供人才保障。康养产业标准化是推动康养产业健康、可持续发展的重要手段。

  经济科学出版社刘丽女士为本书的出版付出了辛勤的劳动，在此表示由衷的感谢。

  由于笔者学识有限，疏漏在所难免，敬请广大读者批评指正。

雷应朝

2023 年 9 月 8 日

目 录

第1章 绪论 ··· 1
- 1.1 研究背景 ·· 1
- 1.2 研究目的和意义 ·· 4
- 1.3 研究范围和内容 ·· 5

第2章 康养产业标准化的理论基础 ···················· 7
- 2.1 康养产业概述 ··· 7
- 2.2 康养产业标准化概述 ·································· 9
- 2.3 康养产业标准化面临的挑战和机遇 ·············· 18
- 2.4 康养产业标准体系概述 ····························· 22

第3章 康养产业标准化的方法与技术 ················ 27
- 3.1 调查研究法 ·· 27
- 3.2 系统分析法 ·· 29
- 3.3 专家咨询法 ·· 31
- 3.4 案例分析法 ·· 33
- 3.5 问卷调查法 ·· 35
- 3.6 专家会议法 ·· 37

第 4 章　康养产业分类及体系 ·················· 39

4.1　康养产业分类 ·················· 39
4.2　康养产业标准化体系 ·················· 40

第 5 章　康养产业标准化发展介绍 ·················· 67

5.1　森林康养产业标准 ·················· 67
5.2　康养旅游产业标准 ·················· 70
5.3　文化康养产业标准 ·················· 76
5.4　康养金融业标准 ·················· 82
5.5　康养产业国家标准体系明细 ·················· 87

第 6 章　康养服务标准介绍 ·················· 92

6.1　养老机构服务安全基本规范 ·················· 92
6.2　康养旅游服务规范 ·················· 94
6.3　攀枝花市康养产业基础术语 ·················· 104
6.4　生态康养基地评定标准 ·················· 105

第 7 章　康养产业标准化实施与效果评价 ·················· 110

7.1　康养产业标准化实施的意义和影响 ·················· 110
7.2　康养产业标准化实施的方法和途径 ·················· 112
7.3　康养产业标准化实施的效果评价方法 ·················· 115
7.4　康养产业标准化的结果和应用 ·················· 116
7.5　康养产业标准化给产业发展带来的影响 ·················· 118
7.6　"康养城市"评价标准 ·················· 120
7.7　康养标准化案例介绍 ·················· 124

第 8 章 结论与展望 ………………………………… 130

8.1 主要成果与研究结论 …………………………… 130
8.2 研究不足与局限 ………………………………… 133
8.3 康养产业标准化发展展望 ……………………… 134

附录 部分康养产业标准汇总 ……………………… 136
参考文献 …………………………………………… 152
后记 ………………………………………………… 156

第1章 绪　　论

康养产业是指以提供康复、护理、保健等为主要服务内容，以老年人、残疾人等为主要服务对象的产业。随着全球人口老龄化的不断加剧，康养产业已成为我国经济社会发展的一个重要领域。在这个快速发展的背景下，康养产业的规范化、标准化建设显得尤为重要。

本书主要围绕康养产业标准化展开研究，旨在探讨如何通过制定统一的服务标准、管理规范和技术手段等，提高康养产业的整体服务水平和质量。通过对康养产业的服务内容、服务流程、服务设施及人员等方面的标准化研究，为康养产业的发展提供有益的参考和指导。在进行康养产业标准化研究的过程中，我们将采用多种研究方法，如文献研究法、案例分析法、比较分析法等。通过对康养产业的服务标准、管理规范和技术手段等方面的深入研究，为康养产业的标准化建设提供理论依据和实践指导。我们希望通过本研究的开展，能够为康养产业的规范化和标准化建设提供有益的参考和借鉴，为我国康养产业的发展作出贡献。

1.1　研究背景

1.1.1　国家对标准化工作的要求

2021年10月中共中央、国务院印发的《国家标准化发展纲要》（以下简称《纲要》）明确指出：标准是经济活动和社会发展的技术支撑，是国家基础性制度的重要方面。标准化在推进国家治理体系和治理能力现代化中发挥着基础性、引领性作用。新时代推动高质量发展、全面建设社会主义现代化国家，迫切需要进一步加强标准化工作。

在康养产业方面，《纲要》指出要支持健康与康复医疗、养老、家政等服务业领域相关标准制定和修订工作，完善康复护理、老年护理等领域国家标准。这为康养产业提供了更多的市场机会和业务需求，有利于企业的发展和产业的规模扩大。同时，《纲要》也提出要加强检验检测认证机构建设，促进检验检测结果的互认通用。这将有助于提高康养服务的质量和可靠性，增强消费者对康养服务的信任感。另外，《纲要》还提出要积极参与国际标准化活动，推动更多国家标准成为国际标准。这将为我国康养产业走向世界提供更多的机会和支持。

1.1.2 标准化工作对康养产业的促进作用

《纲要》是国家发布的一项重要政策文件，旨在推动标准化工作的发展和提高国家标准化水平，对涵盖"大健康产业"和"养老产业"的康养产业（房红，2020）而言，《纲要》的促进作用主要体现在以下几个方面。

（1）提升康养服务质量。《纲要》鼓励制定和推广康养服务标准，引导康养机构和从业人员按照标准提供服务，从而提升康养服务的质量和水平，满足人们对健康养老的需求。

（2）保障康养产品安全性。《纲要》要求建立康养产品的技术规范和产品标准，推动康养产品的质量监管和认证工作，确保康养产品的安全性和有效性，防止不合格产品对消费者权益造成侵害。

（3）促进行业规范发展。《纲要》强调加强康养产业标准化建设，推动产业内部各项标准体系的完善和整合，促进行业的规范化和规模化发展。

(4) 推动产业技术创新。《纲要》鼓励康养产业技术创新，推动新技术、新产品的研发和应用，以标准化手段加速康养产业科技成果的转化，提升产业整体竞争力。

(5) 拓展康养市场空间。《纲要》通过推动康养产业标准化，有助于提高消费者对康养服务的信任度，进一步激发市场需求，为康养产业创造更大的市场空间。

(6) 加强国际交流与合作。可以更好地了解和掌握国际标准的动态和趋势，推动我国康养标准与国际标准的一致性，提高我国标准的国际认可度。

1.1.3 康养产业标准化发展的方向

贯彻落实《纲要》引领康养产业发展需要在以下几个方面进行努力。

(1) 完善康养产业标准体系。依据《纲要》的要求，建立健全康养产业标准体系，包括服务标准、产品标准、技术标准等，形成统一、协调、完善的康养产业标准体系，为康养产业的发展提供技术支撑。

(2) 加强康养产业标准的制定和实施。在康养产业的各个领域，依据国家和行业的相关标准，制定具体的康养产业标准，并加强对标准的宣传、培训和实施，确保康养产业标准的有效执行。推动康养产业标准化试点工作，在康养产业的重点领域和关键环节，开展标准化试点工作（周坚锋，2022），通过试点项目的实施总结经验，形成可复制、可推广的康养产业标准化模式。

(3) 加强康养产业标准化国际合作。积极参与国际康养产业标准化活动，学习借鉴国际先进的康养产业标准化经验，推动我国康养产业标准的国际化进程。

(4) 提高康养产业标准化意识。加强对康养产业标准化工作的宣传和培训，提高康养产业从业人员的标准化意识，形成人人关心标准化、重视标准化、参与标准化的良好氛围。

（5）建立康养产业标准化激励机制。通过政策引导、资金支持、表彰奖励等措施，激发康养产业从业单位和企业参与标准化工作的积极性，推动康养产业标准化工作的深入开展。

总之，《纲要》引领康养产业发展，需要从多个层面入手，形成政府、企业、社会共同参与、共同推动的标准化工作格局，为康养产业的健康、可持续发展提供有力保障。

1.2 研究目的和意义

1.2.1 研究目的

本书旨在围绕康养产业标准化展开深入研究，以期为康养产业的发展提供有益的参考和指导，主要研究目的包括以下几点。

（1）分析康养产业现状，总结当前存在的问题，优化产业结构，为研究提供依据，促进产业发展水平。

（2）梳理国内外康养产业发展的成功经验和成熟模式，为我国康养产业提供借鉴。

（3）构建康养产业标准化体系，加快产业融合，优化康养服务流程，提高服务质量。

（4）加强国际交流与合作，增强国际竞争力，推动产业国际化发展。

（5）规范康养产业相关服务，保障消费者权益。

（6）促进产业发展创新，提高企业经济效益。

（7）提升康养产业从业人员素质，满足人民群众需求，提高服务质量，为消费者提供更加专业的服务。

1.2.2 研究意义

随着人口老龄化趋势的加速和人们对健康需求的不断增加,康养产业正成为一个具有巨大潜力和发展空间的新兴产业(杨继瑞和赖昱含,2018)。然而,康养产业在发展过程中面临着许多挑战,如服务质量不稳定、管理模式不规范、技术水平不高等。因此,康养产业标准化研究具有重要的现实意义和应用价值。

首先,通过对康养产业标准化研究,可以促进康养服务的规范化、标准化,提高服务质量和效率。康养产业标准化研究可以帮助企业制定统一的服务标准,规范服务流程,提高服务质量和效率,从而提升企业的核心竞争力。

其次,通过对康养产业标准化研究,可以推动康养产业的科技创新和产业升级。康养产业标准化研究可以促进康养产业与人工智能、物联网、大数据等新兴技术的融合,推动康养产业的科技创新和产业升级。

最后,通过对康养产业标准化研究,可以为政府的政策制定提供依据和参考。

总之,康养产业标准化研究对于促进康养产业的规范化、标准化、科技创新和产业升级,以及为政府制定政策提供依据和参考具有重要的现实意义和应用价值。

1.3 研究范围和内容

1.3.1 研究范围

(1)政策支持。随着人口老龄化加剧,政府对养老服务的需求越来越大，制定相关政策和措施推动养老产业发展成为国家战略，为本书的编写提供了政策支持和指导。

（2）多维度探讨。从理论到实践、从标准制定到产业发展等多维度进行深入探讨，为读者提供全面系统的知识体系。涵盖康养产业现状及问题分析、国内外康养产业发展的成功经验和成熟模式、康养产业标准化体系的构建、康养产业从业人员素质提升、案例分析等。

（3）国际交流。引用了国际先进的养护理念和技术标准，并结合中国实际情况进行了分析和总结，具有国际视野和参考价值。

（4）跨学科融合。涵盖了多个学科领域，如标准化、健康、教育、经济等。

1.3.2 研究内容

（1）理论基础。阐述康养产业标准化的概念、意义、目的和基本原则等理论基础。

（2）国内外现状分析。对国内外康养产业发展情况和标准体系进行了分析，为制定中国自己的康养产业国家标准提供参考。

（3）制度与管理。探讨了康养产业标准体系建立的制度与管理机制，包括行业自律组织、监管部门、政策制定等。

（4）服务与产品标准化。从服务标准化和产品标准化的角度，阐述了如何制定和实施养老服务和服务标准，以及如何提高服务质量和满意度。

（5）老年人需求与权益保护。分析了老年人需求的特点和权益保护问题，探讨了如何在养老服务中保障老年人的合法权益。

（6）国际经验借鉴。对国际先进的养护理念和技术标准进行了借鉴和分析，为中国在康养产业发展中提供国际视野和启示。

第 2 章　康养产业标准化的理论基础

2.1　康养产业概述

2.1.1　康养产业的概念和特点

1. 康养产业的概念

康养产业的定义在学术界主要有两种，一种将其解读为"健康"和"养生"的结合，另一种将其视为健康与养老所涉及的产品或产业。目前主流的观点认为，康养产业是指以人的健康和养老为核心，提供预防、治疗、康复、护理服务的产业。康养产业涵盖了健康、养老、养生、医疗、旅游、体育、文化、绿色农业以及"互联网＋"等诸多业态，是现代服务业的重要组成部分，也是备受关注的新兴产业，符合新时期对"新经济"的内涵要求。随着人口老龄化的加剧，康养产业已成为我国经济增长的重要领域之一，具有广阔的市场前景和发展潜力（何莽，2021）。

2. 康养产业的特点

康养产业具有以下三个特点。
（1）多业态撬动市场。康养产业在需求和政策的双重利好下，涵盖大健康、基因测序、生命医学、中医养生、养生旅游等多个领域，可以撬动亿万蓝海市场。

（2）结合当地资源和市场需求。康养产业的发展需要结合当地资源的特点和市场需求，因此在不同地区可能会有不同的发展模式和案例（李博，2022）。

（3）综合性与多元化。康养产业涉及多个领域，包括健康咨询、养生旅游、文化影视等，具有综合性和多元化的特点。

2.1.2 康养产业的服务内容

康养产业的服务内容包括以下几个方面。

（1）健康体检：指对身体健康进行检查和评估，包括体格检查、辅助检查和专项检查等。

（2）健康干预：包括生活方式干预、药物治疗干预和心理干预等，旨在维护和改善人们的健康状况。

（3）康复治疗：指对疾病和损伤进行康复治疗，包括物理治疗、化学治疗和心理治疗等。

（4）护理服务：包括生活护理、疾病护理和心理护理等，为病人提供全面的护理服务。

（5）保健品：指以天然植物、动物和微生物为主要原料，制成的具有特定保健功能的食品和保健品。

（6）健康管理：指对个人和群体的健康进行管理，包括健康咨询、健康评估和健康干预等。

（7）康养旅游服务：提供养生度假、疗养旅游、康复旅游等，结合当地的自然环境和文化资源，为人们提供放松身心、增进健康的旅行体验。

（8）健康咨询和指导：提供个人健康管理方案、营养咨询、心理咨询等服务，帮助人们改善生活方式、管理压力、提高健康水平。

(9）养老护理服务：提供老年人护理、康复护理、长期照料等服务，满足老年人日常生活和健康需求。

(10）养生文化体验：通过举办养生讲座、瑜伽冥想课程、中医养生体验等活动，让人们了解养生知识、学习养生技巧，并提供相应的养生产品和服务。

(11）康养产品销售：销售健康食品、养生保健品、康复辅助设备、养生用品等产品，满足人们对健康和养生的需求。

康养产业的发展离不开科技的支撑，包括生物传感器、智能医疗设备和人工智能等。同时，康养产业也需要注重人文关怀和社交媒体的运用，提高服务质量和用户体验。

2.2 康养产业标准化概述

2.2.1 康养产业标准化的概念和内容

1. 康养产业标准化的概念

国家标准《标准化工作指南 第1部分：标准化和相关活动的通用词汇》（GB/T 20000.1—2002）对"标准化"的定义是："为一定范围内获得最佳秩序，对现实问题或潜在问题制定共同使用和重复使用的条款的活动。"同时包括：（1）上述活动主要包括编制、发布和实施标准的过程；（2）标准化的主要作用在于为了其预期目的改造产品、过程或服务的适用性，防止贸易壁垒，并促进技术合作。

康养产业标准化是指在康养产业发展过程中，依据相关法律法规和标准，对康养服务提供者、康养产品和服务、康养设施和环境等各个方面进行规范和管理的一种方式。为康养产业的高质量发展制定和实施标准化体系，以规范行业行为、提升产品和服务质量，推动康养产业的健康、可持续发展。

康养产业标准化的概念和发展情况受到过一些关注。根据《中国康养产业标准化发展报告（2022～2023）》，标准化是康养产业高质量发展的重要技术支撑。该报告以截至2023年3月公布的康养标准为调研对象，对中国康养产业标准化的发展情况进行了分析和评估，指出在与康养相关的标准中，标准层次和领域发展较为失衡，康养产业标准化进程相对迟滞，管理体制尚不清晰，并存在技术、人才和经费支持等方面的问题（何莽等，2023）。

康养产业的标准化也与国家政策和战略密切相关。根据另一份报告《康养产业的指向标：多业态融合发展》，康养产业首次列入国家政策，被界定为"康养旅游"的概念，并以"行业标准"的形式亮相。该报告还要求重点推动智慧健康养老关键技术和产品的研发，将"健康中国建设"上升为国家战略，并制定了健康领域的中长期战略规划。

2. 康养产业标准化的内容

根据《中华人民共和国标准化法》规定，标准包括国家标准、行业标准、地方标准和团体标准、企业标准等。因此，需要制定各级各类标准，促进康养产业的发展。具体来讲，康养产业标准化包括以下五个方面。

（1）服务标准化：包括康养服务流程、服务内容、服务质量等方面的标准化。例如，康养服务机构应该按照标准化的服务流程为老年人提供服务，包括生活照料、医疗护理、康复训练、心理慰藉等。

（2）产品标准化：包括康养产品的设计、生产、质量检验等方面的标准化。例如，康养设备应该按照标准化的设计和生产流程进行，确保产品的质量和安全性。

（3）技术标准化：包括康养技术的研究、开发、应用等方面的标准化。例如，康养技术应该按照标准化的研究方法和流程进行，确保技术的有效性和可行性。

（4）管理标准化：包括康养机构的管理制度、管理流程、管理质量等方面的标准化。例如，康养机构应该按照标准化的管理制度进行管理，确保机构的运营效率和服务质量。

（5）人员培训标准化：包括康养服务人员的培训流程、培训内容、培训质量等方面的标准化。例如，康养服务人员应该按照标准化的培训流程进行培训，确保服务人员的专业能力和服务质量。

总之，康养产业标准化是一个全方位的过程，需要从服务、产品、技术、管理和人员培训等多个方面进行标准化建设，以确保康养产业的高质量发展。

2.2.2 康养产业标准化的意义、原理及原则

1. 康养产业标准化的意义

康养产业标准化有助于提高康养服务的科学性、规范性和可靠性，促进康养的健康发展，满足不断增长的高质量和高品位康复需求（陈宗胜，2022）。制定和实施康养产业的标准化体系，具有以下意义。

（1）规范行业行为。标准化可以明确康养产业的服务内容、质量要求、操作规程等，为行业提供统一的准则和规范，防范不规范行为，保护消费者权益。

（2）提升产品和服务质量。通过制定标准，可以推动康养产品和服务的质量提升，确保其安全、有效、可靠，满足人们对康养的需求（曲富有等，2023）。

（3）促进技术创新和研发。标准化可以推动技术创新和研发，鼓励行业内企业提升技术水平，推出更具竞争力和创新性的产品和服务。

（4）增强行业竞争力。通过标准化，可以提升整个康养产业的竞争力，促进行业内企业的健康发展，推动行业向高质量、高附加值的方向发展。

2. 标准化的基本原理

标准化的基本原理通常是指统一原理、简化原理、协调原理和最优化原理。

（1）统一原理就是为了保证事物发展所必需的秩序和效率，对事物的形成、功能或其他特性，确定适合于一定时期和一定条件的一致规范（胡英姿，2011），并使这种一致规范与被取代的对象在功能上实现等效。

（2）简化原理就是为了经济有效地满足需要，对标准化对象的结构、型式、规格或其他性能进行筛选提炼，剔除其中多余的、低效能的、可替换的环节，精练并确定出满足全面需要所必要的高效能的环节，保持整体构成精简合理，使之功能效率达到最高。

（3）协调原理就是为了使标准的整体功能达到最佳，并产生实际效果，必须通过有效的方式协调好系统内外相关因素之间的关系，确定为建立和保持相互一致，适应或平衡关系所必须具备的条件。

（4）最优化原理就是按照特定的目标，在一定的限制条件下，对标准系统的构成因素及其关系进行选择、设计或调整，使之达到最理想的效果。

纵观标准化的四原理，统一和简化是与标准的产生同时存在的，反映了标准化最朴素最直观的作用；协调则是随着社会分工的细化，人类活动的多样化以及管理的科学化而产生的，它从更高层次甚至全局的范围内处理好有关联的事物间的稳定和平衡；而选优是标准化的最终目的，是其所有功能的集中表现。

3. 康养产业标准化的原则

康养产业的标准化应遵循以下五项原则。

（1）科学性：标准应基于科学研究和实践经验，具备可靠的理论基础和实践指导，确保标准的科学性和可操作性。

（2）公正性：强调公平竞争、公开透明、民主参与、科学合理和持续改进。

(3) 先进性：标准应具备一定的先进性和前瞻性，能够适应康养产业发展的新需求、新技术和新模式，推动行业不断向前发展。

(4) 可操作性：标准应具备实施的可操作性，能够为企业和机构提供明确的操作指南，便于实施和监督。

(5) 可持续性：标准应考虑可持续发展的原则，将环境保护、资源节约和社会责任等因素纳入标准体系，推动康养产业的可持续发展。

2.2.3 国内外康养产业标准化发展现状及趋势

1. 国际康养产业标准化工作发展现状

随着全球老龄化的加剧和人们对健康生活的重视，康养产业已成为世界各国政府关注的重点。为了促进康养产业的发展，国际上开始重视康养产业标准化工作。目前，国际上康养产业标准化工作主要集中在以下两个方面。

(1) 国际标准的制定。国际标准化组织（ISO）和美国国际标准学会（ASTM）等国际知名标准化组织开始关注康养产业标准化工作，并制定了一系列相关标准。例如，《职业健康安全管理体系》（ISO 45002：2023）、《职业健康和安全管理体系 小型组织实用指南》等。

(2) 国际标准的实施。各国政府纷纷将国际标准纳入本国的康养产业政策，推动国际标准在本国的实施。例如，欧盟委员会提出，到2024年，所有欧盟成员国应将美国材料试验协会（ASTM）等国际康复医学设备标准纳入国家援助范围。

2. 国内康养产业标准化工作发展现状

国内康养产业标准化工作取得了一定的进展，在全国范围内已经制定了一系列与康养产业发展相关的标准，这些标准涵盖了康养服务的各个方面，包括服务内容、服务流程、服务质量等。康养产业相关标准主要有以下两个类别。

（1）国家标准。国家卫生健康委员会、国家市场监督管理总局等部门已制定并实施了一系列康养产业国家标准，如磁刺激设备除需满足《医用电气设备 第1部分：基本安全和基本性能的通用要求》（GB 9706.1—2020）外，还推荐执行《磁刺激设备》（YY/T 0994—2015）。

（2）地方标准。各地方政府纷纷制定地方康养产业标准，推动地方康养产业的发展。攀枝花在2019年发布了22项康养产业标准，覆盖了农业、医疗、旅游、运动、工业五大产业，首次定义了康养、"六度"、康养产业、康养服务等基础术语，包含康养产业基础通用标准、供给标准、支撑标准等内容，在全国范围内，首次实现了标准化工作与康养产业发展的有机融合，为全国康养产业发展，提供了"攀枝花样板"。

随着新时代的来临，标准和标准化已远远超出原来指导和促进工业化生产的狭窄领域（金燕芳，2005）。标准化与知识经济、标准化与知识产权、标准化与管理、标准化与安全、标准化与质量、标准化与环境、标准化与贸易、标准化与市场秩序、标准化与诚信、标准化与企业社会责任、标准化与公共关系等，都已经纳入了标准化研究的领域。

2.2.4 康养产业标准化存在的问题

目前，康养产业标准化仍然存在较大问题，主要概括为以下五个方面。

1. 康养服务标准不统一

康养服务涵盖了多个领域，如医疗、健康、养老、健康管理、康复治疗、营养膳食等，但缺乏一个统一的定义和分类标准，导致不同机构和地区对康养服务的理解和实践存在较大差异。由于康养服务标准不统一，不同机构和地区提供的服务内容和质量也存在差异。一些机构注重医疗保健，而另一些机构则更加关注文化娱乐和休闲活动，导致消费者难以选择和比较。康养服务行业监管尚未完善，缺乏统一的规范和标准。一些机构可能存在服务不规范、设施不完善等问题，给消费者带来安全和质量隐患。由于康养服务标准不统一，不同机构和地区的服务价格也存在较大差异，且价格不透明。一些机构可能存在虚高价格、附加费用等问题，给消费者带来经济负担。康养服务评估和认证体系尚未建立，缺乏统一的评估标准和机构。一些机构可能存在虚假宣传、夸大服务能力等问题，给消费者带来误导和风险。

2. 康养产品标准不完善

康养产品主要包括康复训练设备、健康监测设备等。虽然部分产品已经达到国家相关标准，但仍然存在一些产品质量不高、功能不完善等问题，影响了产品市场的发展。由于康养产品标准的不完善，一些厂家可能会使用低质量的原材料或不合格的制造工艺，忽略产品的质量控制，导致同一批次的产品质量不稳定，还可能出现品质差异较大的情况，给消费者带来健康威胁；还有一些厂家会夸大产品的功效和效果，甚至虚假宣传，从而误导消费者购买，这不仅会浪费消费者的金钱，还可能会对其身体健康造成损害；商家还通过虚高价格、附加费用等手段获取利润，导致市场价格混乱，消费者难以选择和比较；不良商家会借机制造假冒伪劣产品、销售过期产品等行为，从而破坏整个康养产品市场的健康发展。

3. 康养机构标准不够高

随着社会的发展和科技的进步，人们对于健康和舒适生活的追求也越来越高。因此，康养机构作为为老年人提供养护服务的场所，其重要性日益凸显。我国康养机构分为营利性和非营利性两类。尽管营利性康养机构数量占比较大，但大部分机构的规模较小，服务项目和质量参差不齐，难以满足消费者多样化的需求。康养机构标准不够高，可能会带来以下危害：可能导致安全隐患，如消防设施不完善、电气设备安全性能不足等。这些隐患将给老年人在养护期间的生命安全带来潜在风险。低质量的康养机构可能导致老年人病情加重，甚至产生医疗纠纷。特别是对一些患有基础疾病的老年人，养护服务的质量直接影响他们的康复和生命安全。康养机构是老年人生活中与外界接触的重要窗口，如果其标准不够高，可能会给老年人带来心理压力，甚至加重他们的抑郁症状。一个低质量的康养机构可能导致老年人的生活质量下降，甚至影响他们的家庭和社会地位。这不仅会影响老年人的心理健康，还会对家庭和社会产生负面影响。对于低质量的康养机构，监管部门可能难以有效监管，导致服务质量和安全问题得不到保障。这将不利于保障老年人的权益，也可能导致康养市场的不良竞争。因此，提高康养机构的标准，提供高质量的养护服务，是保障老年人权益和改善养护市场的必要举措。

4. 康养人员标准不达标

康养服务离不开专业人才，如健康管理师、康复治疗师等。然而，目前我国康养人员队伍现状参差不齐，部分人员素质较低，难以提供高质量的服务。康养人员标准不达标可能会导致从业人员的技术水平不高，缺乏专业知识和实践经验，无法提供高质量的康养服务；会导致从业人员素质参差不齐，服务质量不稳定，有时候可能会出现服务态度不好、技术不到位等情况，影响消费者的体验和信心；会导致从业人员缺乏安全意识和应急处理能力，一旦出现突发事件，可能会给康养机构和消费者带来安全隐患；会导致从业人员缺乏职业道德和责任心，无法保障消费者的合法权益，如泄露个人隐私、违反《消费者权益保护法》等行为；会导致康养行业形象受损，影响消费者对康养服务的信任和认可，从而影响整个行业的健康发展。

5. 康养管理标准不规范

康养服务涉及信息管理、安全管理等多方面。然而，目前我国康养管理水平参差不齐，部分机构存在管理不善、安全隐患等问题。

（1）影响患者康复速度。规范的康养管理可以确保患者得到合适的护理和治疗，从而加快康复速度；而不规范的康养管理可能导致患者得不到应有的护理和治疗，从而延长康复时间，甚至加重病情。

（2）增加医护人员工作压力。在康养管理过程中，医护人员需要付出辛勤的劳动，包括生活护理、设备维护、药物治疗等；而不规范的管理可能会使医护人员在工作中感到压力，降低他们的工作积极性，从而影响患者的治疗效果。

（3）增加医疗纠纷风险。不规范的康养管理可能会导致患者的安全问题和医疗纠纷。这些问题不仅对患者的健康造成损害，还会对医护人员造成声誉上的损失，甚至影响到整个医疗机构的运营。

（4）降低家属护理负担。家属在护理过程中也需要承担很大的压力，他们需要关心患者的病情，同时还要操心养护方面的问题。如果康养管理不规范，家属的负担将变得更加沉重，可能导致患者的治疗效果受到影响。

（5）影响医疗机构整体形象。康养管理作为医院护理工作的重要组成部分，不规范的管理可能会影响医疗机构的整体形象。这不仅会影响到患者的信任度，还会对机构的声誉和竞争力产生负面影响。

综上所述，康养产业是近年来快速发展的产业之一，涵盖了医疗保健、养老服务、旅游休闲等多个领域。随着人们对健康和养生的需求不断增加，康养产业的发展前景十分广阔。然而，康养产业在快速发展的同时，也存在一些问题，如服务质量参差不齐、服务标准不一等，这些问题制约了康养产业的进一步发展。因此，康养产业标准化的研究是非常重要的。首先，需要加强相关法规的制定和实施，确保康养管理过程中的安全性和规范性。其次，医疗机构应加强对医护人员的培训和考核，提高他们的专业素质和工作积极性。同时，政府、医疗机构和社会各界应共同努力，加大对康养管理不规范行为的惩处力度。从多方面着手，制定更为完善的服务、产品、机构、人员和管理的标准，以推动康养产业的健康发展。

2.3 康养产业标准化面临的挑战和机遇

2.3.1 康养产业标准化面临的挑战

（1）老龄化社会的迅速增长。根据陆杰华和林嘉琪（2022）的观点，我国康养产业面临的首要挑战是老龄化社会的快速增长。老龄人口的增速不断加快，窗口期很短，预计在未来30年内，中国将全面进入深度老龄社会。这意味着康养服务需求将急剧增加，需要应对大规模的老年人口需求，这对康养服务的提供和标准化带来了巨大压力。

（2）政策法规相对滞后。康养产业在发展过程中面临着政策法规相对滞后的问题。有效的政策支持和规范对于促进康养产业的健康发展至关重要。政府需要及时出台相关政策，以解决康养产业中的监管和标准化问题，推动行业向前发展。

（3）经济基础薄弱。康养产业需要大量的资金投入，包括养老院、康复设施等基础设施建设，以及高质量的服务提供。然而，部分地区的经济基础相对薄弱，难以支持康养产业的迅速发展。解决这一挑战需要寻找合适的融资和资金支持机制。

（4）产业结构不够健全。康养产业的产业结构尚未完全健全，不同领域和业态之间的协调和整合仍然存在挑战。在康养产业的发展过程中，需要更好的产业规划和发展，以实现资源的合理配置和互补，提高产业的综合性和效率。

2.3.2 康养产业标准化面临的机遇

1. 政府支持力度加大

《国家标准化发展纲要》(以下简称《纲要》)于2021年10月由中共中央、国务院印发,要求各地区各部门结合实际认真贯彻落实。《纲要》提出,到2025年,实现标准供给由政府主导向政府与市场并重转变,标准运用由产业与贸易为主向经济社会全域转变,标准化工作由国内驱动向国内国际相互促进转变,标准化发展由数量规模型向质量效益型转变。标准化更加有效推动国家综合竞争力提升,促进经济社会高质量发展,在构建新发展格局中发挥更大作用。实现全域标准化深度发展、标准化水平大幅提升、标准化开放程度显著增强、标准化发展基础更加牢固。到2035年,结构优化、先进合理、国际兼容的标准体系更加健全,具有中国特色的标准化管理体制更加完善,市场驱动、政府引导、企业为主、社会参与、开放融合的标准化工作格局全面形成。

特别是,《纲要》给康养产业发展带来了难得的机遇。首先,《纲要》为康养产业发展提供了有力的支持。《纲要》明确提出,围绕普及健康生活、优化健康服务、倡导健康饮食、完善健康保障、建设健康环境、发展健康产业等方面,建立广覆盖、全方位的健康标准。这为康养产业发展提供了政策保障,有利于吸引更多资本和资源投入这一领域。其次,《纲要》对康养产业的技术创新提出了明确要求。随着科技的不断发展,新的技术和理念不断应用于康养服务中。例如,智能健康监测系统、智慧医疗等新技术,可以提高康养服务的便捷性和舒适度。而《纲要》的实施,将推动这些新技术在康养领域的应用和普及,为康养产业的发展注入新的活力。再次,《纲要》强调了康养服务的专业化人才培养(袁文静,2022)。只有具备专业知识和技能的康养人才,才能为人民群众提供高质量的健康养老服务。因此,《纲要》对康养领域的教育培训提出了要求，有助于培养更多专业的康养人才，提高整体服务水平和质量。最后，《纲要》为康养产业提供了国际交流与合作的机会。在全球化的大背景下，我国康养产业需要与国际接轨，借鉴国际先进的经验和做法，以提高国际竞争力。通过参与国际标准化工作，我国康养产业可以与国际接轨，吸引更多国际合作伙伴，共同推动康养产业的发展。

总之，《纲要》给康养产业发展带来了许多机遇。这些机遇包括政策支持、技术创新、专业化人才培养和国际交流与合作。只有充分抓住这些机遇，我国康养产业才能持续健康发展，为人民群众提供更加优质、高效的康养服务。

2. 市场需求广阔

随着人们生活水平的提高和健康意识的增强，康养产业市场需求广阔，为康养产业标准化提供了广阔的空间。康养产业的服务流程对于消费者和从业人员的体验具有重要影响。消费者可以更加明确地了解康养服务的各项内容，从业者也可以更加准确地了解服务标准，从而提供更加优质的服务。康养产业的产品主要包括康复治疗设备、康复辅助器具等。为了保障人民生命健康，产品质量与安全是康养产业不容忽视的一个重要问题。通过制定严格的产品标准和质量检测体系，可以提高产品质量和安全水平，为消费者提供更加放心的服务。康养产业涉及多个专业的领域，如医学、护理、心理等。为了提高服务质量和水平，从业人员的培训与管理至关重要。通过制定详细的人员培训标准，可以帮助从业者提高专业素养，提供更加专业的服务。信息化建设对于康养产业的发展具有重要意义。通过建立完善的信息管理系统，可以实现康养服务的全面信息化，提高服务效率。同时，信息化建设还可以为政府和相关部门提供数据支持，有助于政策制定和监管。

总之，康养产业标准化的市场需求包括规范化服务流程、产品质量与安全、人员培训与管理、信息化建设等方面。只有加强这些方面的建设，才能满足人民群众对高质量康养服务的需求，推动康养产业的健康发展。

3. 国际标准合作与交流

在全球化背景下，我国康养产业标准化的推进与国际标准的合作与交流具有重要意义。通过学习借鉴国际先进经验，我国康养产业标准化的水平将逐步提高。随着全球经济的快速发展，人们对于健康和养老问题的关注日益凸显，康养服务也成为社会各个领域不可或缺的组成部分。为了提高康养服务的质量和水平，实现国际标准合作与交流显得尤为重要。以下从理论和实践两个方面探讨康养产业标准化给国际标准合作与交流带来的好处。

理论方面，康养产业标准化有助于实现全球康养服务的高质量、同质化发展。国际标准合作与交流是推动康养标准化发展的重要途径。通过与国外康养服务提供者和技术研究机构的合作，我们可以借鉴先进的管理经验和技术手段，不断提高我国康养服务的国际竞争力。同时，国际标准的引入和实施也可以促进我国康养服务业与国际接轨，为国内消费者提供更多高品质的康养服务。康养标准化可以提高康养服务的质量，保障消费者权益。有了统一的标准，消费者可以更加放心地选择康养服务，而康养服务提供者则需要不断提高服务质量和水平。此外，康养标准化还可以促进康养服务技术的创新和研发，提高行业的整体竞争力。

实践方面，康养产业标准化可以完善康养标准体系，包括服务、技术、设备等方面的标准。加强对康养服务提供者的监管，确保其按照标准提供服务。加强康养技术研发和推广，提高服务质量和水平。加强与国际康养服务标准的合作与交流，提高我国康养服务的国际竞争力。以我国著名的康养基地——绿地健康城为例，该地在康养服务标准化方面取得了显著成果。绿地健康城建立了完善的康养服务标准体系，对服务、技术和设备等方面进行了严格的要求。通过培训员工和引入国际先进的康养技术，绿地健康城的服务质量得到了显著提高。同时，绿地健康城还与国外康养服务提供者合作，交流先进的管理经验，使康养服务国际竞争力得到提升。康养产业的标准化研究和推广是一个非常大的产业爆发机会，也是中国未来的一个产业趋势和产业风口。从中央到地方，从国务院到各部委，对中国康养产业都有一个明确的预见，认识到其巨大的发展潜力。根据《中国康养产业标准化发展报告（2022~2023）》，康养产业标准化发展面临着机遇。标准化的推广和实施可以提升康养服务的质量和可信度，促进行业的规范化发展。随着康养产业的快速增长，标准化将为企业提供更多的市场机会，帮助企业树立品牌形象，提高竞争力。老龄化时代的来临给经济和社会的发展带来了新的挑战，同时也带来了新的机遇。应该大力发展银发经济，其中包括康养产业。随着老龄化人口的增加，康养产业将迎来巨大的市场需求，为企业提供更多发展机遇。

综上所述，康养标准化对国际标准合作与交流具有重要意义。通过建立完善的康养标准体系、加强监管和技术研发，以及实践案例的推广，可以实现我国康养服务的高质量、同质化发展，从而提高国际竞争力。在未来的发展过程中，康养标准化将成为我国康养服务业持续健康发展的关键因素。

2.4　康养产业标准体系概述

2.4.1　康养产业标准体系的概念

康养产业标准体系是指在康养服务市场中，建立的相关技术、管理、服务方面的标准规范体系。其目的是规范市场秩序，提高服务质量和满意度，确保消费者权益，促进行业的健康发展。康养产业标准体系是依据相关法律法规和标准，对康养服务提供者、康养产品和服务、康养设施和环境等方面进行规范和管理的一种方式。其内容包括服务内容、服务方式、设施要求、人员要求、质量控制、价格规定和服务标识等方面。

康养产业的标准化建设是产业健康发展的基础和保障。而康养产业标准化建设的关键，则需要制定合理的标准体系和相应的标准化方法，可以通过加强康养服务标准体系、规范康养收费标准体系、提升从业人员素质等，以及政策引导、资金支持、表彰奖励等措施，激发康养产业从业单位和企业参与标准化工作的积极性，推动康养产业标准化工作的深入开展。

在我国康养产业的发展中，存在着服务理念不明确、服务标准不统一、服务人员专业素养不高等问题。这些问题不仅影响了康养产业的发展，也对消费者的利益造成了损害。为此，针对康养产业进行标准化研究，对于提高康养服务质量、规范康养市场、促进康养产业发展具有重要意义。

2.4.2 康养产业标准体系的构成

康养产业标准体系的构成包括技术标准、管理标准、服务标准、安全标准四个方面。其中，技术标准是康养产业最基础的标准，包括康养产品标准、康养设备标准、康养环境标准等；管理标准主要包括康养产业的组织结构标准、管理制度标准、管理体系标准等；服务标准主要涉及康养产业的服务内容标准、服务态度标准、服务质量标准等；安全标准主要包括康养产业的产品安全标准、环境安全标准、人员安全标准等。

具体来说，康养产业标准体系应包括以下四个方面。

1. 技术标准

（1）康养产品标准。对康养产品的设计、材料、工艺、性能等进行规定，以确保产品满足人们对于健康、舒适、安全等方面的需求。

（2）康养设备标准。对康养设备的技术要求、功能、性能等进行规定，以满足不同类型康养服务的需求。

（3）康养环境标准。对康养环境的空气质量、水质、温度等进行规定，以保证人们的生活质量。

2. 管理标准

（1）组织架构标准。对康养企业的组织架构、管理层级等进行规定，以保证企业高效运作。

（2）管理制度标准。对康养企业的管理制度、内部流程等进行规定，以提高服务质量和效率。

（3）管理体系标准。对康养企业的质量管理体系、环境管理体系等进行规定，以保障服务的安全。

3. 服务标准

（1）服务内容标准。对康养企业的服务项目、服务范围等进行规定，以满足人们多样化的需求。

（2）服务态度标准。对康养企业员工的服务态度、礼仪等进行规定，以提升服务水平和顾客满意度。

（3）服务质量标准。对康养企业的服务质量、售后服务等进行规定，以保障顾客的权益。

4. 安全标准

（1）产品安全标准。对康养产品、设备的电气安全、机械安全等进行规定，以确保产品使用安全。

（2）环境安全标准。对康养环境中的化学物质、生物安全等进行规定，以确保人们的生活环境安全。

（3）人员安全标准。对康养企业员工的健康、安全等进行规定，以保障员工的生命安全。

总之，康养产业标准体系的建设是一个系统工程，需要政府、行业协会、企业等多方参与。只有建立完善的标准体系，才能有效地推动康养产业的健康发展。

2.4.3 国内外康养产业发展标准体系

1. 国外康养产业发展标准化体系

国外康养产业发展标准化体系较为完善,包括康养服务标准、康养设施标准、康养人员标准等,并通过政府监管、行业自律等方式确保标准的实施和执行,比如,美国建立了一套完善的康养产业体系(王平,2012)。加拿大重视康养产业的发展,也制定了相关法规和标准,对康养服务、康养设施、康养人员等方面进行了详细规定,促进了康养产业的健康发展。澳大利亚则是政府主导,相关部门协调,形成了完善的康养产业体系,康养服务、康养设施、康养人员等方面均有详细规定。

2. 国内康养产业发展标准化体系现状

(1)政策推动方面。近年来,我国政府高度重视康养产业的发展,出台了一系列政策措施,如《"健康中国 2030"规划纲要》《关于加快发展养老服务业的若干意见》等,明确了康养产业发展的目标、任务和路径。

(2)标准体系建设方面。在政策推动下,我国康养产业标准体系建设取得了积极进展。目前,我国已制定了一系列康养产业相关的国家和行业标准,如《健康养老服务标准体系》(DB14/T 2154—2020)、《康复医学服务标准》等,涵盖了康养产业的服务、产品、技术和管理等多个方面。

(3)地方实践方面。各地方政府也在积极探索康养产业标准化体系建设,如浙江省制定了《康养产业发展规划》,明确了康养产业标准体系的构建目标、路径和任务;广东省发布了《康养产业发展规划(2019—2025年)》,提出了康养产业标准化建设的具体措施。

(4)企业参与方面。随着康养产业的快速发展,越来越多的企业开始关注并参与标准化建设。一些领军企业如泰康、恒大等，在康养产业标准化建设方面进行了积极探索和实践，通过制定企业标准、参与国家和行业标准制定，推动康养产业高质量发展。

（5）国际合作方面。我国康养产业标准化体系建设还积极参与国际合作，与世界卫生组织、国际标准化组织等国际组织开展合作，推动康养产业标准的国际化。

总体来说，我国康养产业标准化体系建设已取得一定成果，但仍需进一步完善。我国应继续加大政策支持力度，推动康养产业标准化建设与产业发展需求相适应，提高康养服务质量，满足人民群众日益增长的健康需求。

第 3 章　康养产业标准化的方法与技术

随着我国康养产业的快速发展，人们对康养服务的需求日益增长，对康养产业的监管也日益严格。为了保证康养服务的质量和安全，提高康养产业的竞争力，建立一套科学、合理的康养产业标准体系显得尤为重要。而调查方法作为标准体系建设的重要组成部分，对于康养产业标准化工作的开展具有举足轻重的作用。

3.1　调查研究法

3.1.1　调查研究法的概念和特点

1. 调查研究法的概念

调查研究法，是指在康养产业标准化工作中，通过有组织、有计划、系统地收集、整理和分析相关数据，以达到认识事物、掌握规律、指导实践的目的的方法。调查研究法是一种科学的研究方法，其核心在于获取第一手资料，以保证研究结果的客观性和可靠性。

2. 调查研究法的特点

（1）系统性。调查研究法是一种系统性的研究方法，通过对康养产业相关领域的各个方面进行深入调查，从而形成一个完整的理论体系。

（2）针对性强。调查研究法可以根据研究目的和需求，有选择性地收集、整理和分析数据，满足不同类型研究者的需求。

（3）定量与定性相结合。调查研究法可以同时采用定量分析和定性分析的方法，对收集到的数据进行量化处理，以揭示康养产业相关现象的规律性。

（4）实践性。调查研究法将研究结果与实际问题相结合，为政策制定和产业实践提供有力支持。

3.1.2 调查研究法在康养产业标准化中的应用

1. 实地调查

实地调查是调查研究法中最常用的方法之一，通过现场观察、询问等方式收集数据。在康养产业标准化研究中，实地调查可以帮助研究者深入了解康养服务现状，如服务内容、服务方式、服务设施等，为制定相关标准提供依据。

2. 访问

访问是调查研究法中另一种重要方法，通过与研究对象进行面对面交流，了解其对康养产业标准化的认识、需求和建议。访问可以帮助研究者深入了解研究对象的需求和问题，为政策制定和标准完善提供参考意见。

3. 问卷调查

问卷调查是调查研究法中较为便捷的方法，通过设计合适的问卷，收集研究对象对康养产业标准化的看法、意见和建议。问卷调查可以快速获取大量数据，为政策制定和标准完善提供数据支持。

4. 案例分析

案例分析是调查研究法中的一种方法,通过对具体案例的研究,了解康养产业标准化的实践情况,发现问题、挑战和成功经验。案例分析可以为政策制定和标准完善提供实际案例,指导康养产业标准化工作。

康养产业标准化中的调查研究法是一种重要方法。通过调查研究法,可以全面、深入地了解康养产业的发展现状、服务质量和政策环境等方面的信息。这些信息为康养产业标准的制定提供了依据,有助于推动康养产业的健康发展。在未来的康养产业标准化工作中,应充分发挥调查研究法的优势,为康养产业的发展提供有力支持。

3.2 系统分析法

3.2.1 系统分析法的概念和特点

1. 系统分析法的概念

系统分析法,又称系统论分析法,是一种以整体性、系统性为特点的分析方法。它将问题作为一个整体,通过分析各子系统之间的联系,研究各子系统之间的相互作用,从而揭示整个系统的结构与功能。

2. 系统分析法的特点

(1) 系统性。通过对系统的各个方面进行深入研究,从而确保对整个系统及其相互关系的全面了解。

(2) 整体性。强调对整个系统及其环境之间的相互影响进行分析,以了解系统的整体运作方式。

（3）结构性。将系统分解为子系统，并确定它们之间的关系，从而帮助了解系统的结构及其组成部分。

（4）立体性。可以应用于不同的层面，从物理层面到心理和社会层面，从而提供对系统的多维度洞察。

（5）动态性。能够捕捉系统的变化过程，并预测其未来的发展趋势，从而为决策提供准确的信息。

（6）综合性。将不同学科领域的知识相结合，以对系统进行全面、深入的分析和描述。

（7）精确性。能够提供对系统的高效、精确的分析和预测，以满足决策者对信息的需求。

3.2.2 系统分析法在康养产业标准化中的应用

1. 健康产业分析

健康产业分析主要包括医疗服务、健康教育、健康咨询等子系统。医疗服务子系统包括医疗设备、医务人员、医疗服务质量等。在康养产业中，高质量的医疗服务是保障老年人健康的基本条件。因此，我们需要关注医疗设备更新、医务人员培训和医疗服务质量提高等方面的问题。

2. 养老产业分析

养老产业分析主要包括养老设施、养老服务、老年教育等子系统。在康养产业中，充足的养老设施和优质的养老服务是满足老年人生活需要的关键。因此，我们需要关注养老设施建设、养老服务完善和老年教育推广等方面的问题。

3. 医疗康复子系统分析

医疗康复子系统分析主要包括康复治疗、康复设备、康复管理等方面。在康养产业中，康复治疗和康复设备是帮助老年人恢复健康的重要手段。因此，我们需要关注康复治疗技术、康复设备研发和康复管理改进等方面的问题。

4. 康体养生产业分析

康体养生产业分析主要包括康体健身、养生保健、健康管理等子系统。在康养产业中，康体健身和养生保健是老年人保持健康的重要途径。因此，我们需要关注康体健身设施建设、养生保健服务普及和健康管理创新等方面的问题。

通过对康养产业系统分析，可以看到，在健康、养老、医疗、康体养生产业等方面，我国康养产业还存在一些问题，如医疗服务内容单一，专业化水平不高，难以满足多样化需求。投资不足，养老设施落后、康复治疗技术含量较低。系统分析法可以帮助我们找出这些问题，为康养产业标准化提供依据。总之，康养产业标准化中的系统分析法是一种有效的方法，可以帮助我们深入分析康养产业中的问题，为标准化工作提供有力支持。通过系统分析法，可以找出问题所在，提出相应的解决方案，为康养产业的健康发展提供保障。

3.3 专家咨询法

3.3.1 专家咨询法的概念和特点

1. 专家咨询法的概念

专家咨询法是指在制定或修改相关标准的过程中，组织专家对标准的编制进行咨询、论证和指导的方法。通过专家咨询，可以充分发挥专家的技术优势和经验，为标准的制定提供高质量、高效率的服务。

2. 专家咨询法的特点

（1）综合性。专家咨询法涵盖了多个方面，如技术、经济、社会、环境等，为标准的制定提供了全面的参考意见。

（2）专业性。专家咨询法利用专家的技术和经验，为标准的制定提供专业性的指导。

（3）指导性。专家咨询法可以为标准的制定提供指导性意见，帮助制定者更好地完成标准的编制工作。

（4）实用性。专家咨询法所提出的意见和建议具有实际操作性，可以帮助标准的制定者更好地解决实际问题。

3.3.2 专家咨询法在康养产业标准化中的应用

1. 制定《康养服务与管理规范》标准

为了规范康养服务与管理，提高服务质量，需要制定相应的规范。通过专家咨询法，可以邀请具有相关领域经验的专家参与《康养服务与管理规范》标准的制定。这些专家可以就规范的内容、适用范围、服务流程等方面提出意见和建议，为规范的完善提供支持。

2. 制定《康复医疗技术操作规范》标准

《康复医疗技术操作规范》标准是康复医疗专业人员必须遵守的行为准则。通过专家咨询法，可以邀请具有丰富经验的康复医疗专家参与该标准的制定。这些专家可以就规范中的技术操作、临床应用等方面提出意见和建议，为规范的完善提供专业支持。

3. 制定《健康体检服务管理规范》标准

《健康体检服务管理规范》标准是健康体检机构正常运营的基础。通过专家咨询法，可以邀请具有体检行业经验的专家参与该标准的制定。这些专家可以就规范中的服务质量、人员培训、设备管理等方面提出意见和建议，为规范的完善提供指导。

总之，在康养产业标准化建设中，专家咨询法是一种重要的方法。我国康养产业发展的背景下，应充分发挥专家咨询法在康养产业标准化建设中的作用，为提高康养服务质量作出贡献。

3.4 案例分析法

3.4.1 案例分析法的概念和特点

1. 案例分析法的概念

案例分析法是一种以具体案例为基础，分析研究对象的行为、做法和现象，从中找出问题所在、探索解决方案的研究方法。本节将采用案例分析法，对康养产业进行深入剖析，以期为我国康养产业标准化提供借鉴和参考。

2. 案例分析法的特点

（1）真实性。案例分析法注重对实际案例的深入挖掘，力求反映康养产业的真实情况，为政策制定和产业发展提供有力依据。

（2）具体性。案例分析法关注具体项目和案例，通过对具体案例的剖析，分析康养产业发展的成功经验和存在的问题，具有很强的针对性和实用性。

（3）多样性。康养产业涵盖范围广泛，案例分析法关注不同类型、不同地区的康养项目，从而展现康养产业的丰富多样性。

（4）深入分析。案例分析法对选定的案例进行深入挖掘，从多个角度分析康养项目的优势、劣势、机遇和挑战，为产业发展提供有益启示。

（5）对比分析。案例分析法常常通过对比不同案例的异同，总结康养产业的发展规律，以便为政策制定和企业发展提供参考。

（6）动态跟踪。案例分析法关注康养产业的发展动态，持续跟踪案例项目的发展情况，以便及时发现问题、总结经验，为康养产业发展提供实时数据支持。

（7）跨学科研究。案例分析法注重多学科交叉融合，结合社会学、经济学、医学等领域的知识，全面分析康养产业的现状和发展趋势。

（8）实用性。案例分析法旨在为康养产业实践提供有益借鉴，其研究成果具有较强的实用性和指导意义。

总之，案例分析法对康养产业标准化研究具有重要作用，通过对具体案例的深入分析，为政策制定、企业发展和产业研究提供有益借鉴。

3.4.2 案例分析法在康养产业标准化中的应用

通过对康养产业的案例分析，找出存在的问题，为政策制定和标准体系建设提供依据。

（1）案例一：某康养社区服务满意度调查。通过对某康养社区的服务满意度进行调查，发现社区居民对社区的养老服务、医疗服务等方面满意度较高，但存在着部分服务项目不完善、服务人员专业素养有待提高等问题。

（2）案例二：某康养中心运营情况分析。对某康养中心的运营情况进行分析，发现该中心由于资金投入不足、管理不善等原因，导致服务质量和安全问题频发。

（3）案例三：我国康养产业政策分析。对我国康养产业政策进行分析，发现我国康养产业政策体系尚不完善，存在政策执行力度不够、政策之间的协调性有待提高等问题。

通过对康养产业标准化的案例研究，分析了康养产业中存在的问题，为政策制定和标准体系建设提供了依据，提高服务质量和安全性，规范康养市场，完善康养产业标准化体系为其发展提供有力支持。

3.5 问卷调查法

3.5.1 问卷调查法的概念和特点

1. 问卷调查法的概念

问卷调查法，是通过设计调查问卷，邀请被调查者进行回答以获取所需信息的方法。

2. 问卷调查法的特点

（1）匿名性。被调查者可以自由选择是否回答问题，保护个人隐私。

（2）主观性。被调查者回答问题时可能受到个人观点、经验等因素的影响，导致数据有一定程度的偏差。

（3）普适性。问卷调查法可以针对不同群体、不同地区的人群进行调查，适用于范围广泛的调查需求。

（4）快捷性。问卷调查法可以采用在线、纸质等方式进行，调查速度较快，便于快速获取大量信息。

（5）量化性。通过设计一定的问卷结构，可以量化问题，便于分析和处理数据。

3.5.2　问卷调查法在康养产业标准化中的应用

1. 确定调查目的和调查对象

在进行康养产业问卷调查前，首先需要明确调查目的，明确需要了解的内容和问题。然后根据调查目的确定调查对象，例如康养产业的从业者、消费者、政策制定者等。

2. 设计问卷结构和内容

根据调查目的和调查对象，设计问卷的结构和内容。一般来说，问卷包括以下几部分。

（1）个人基本信息。包括姓名、性别、年龄、职业等。

（2）康养消费行为。包括购买康养服务、产品、设施等的消费行为。

（3）康养服务评价。包括对康养服务的评价、满意度等。

（4）政策建议。包括对康养产业政策、标准的建议等。

3. 选择调查方式

根据调查目的、调查对象和调查内容，选择合适的调查方式。常见的调查方式包括以下几种。

（1）电话访问。通过电话联系被调查者进行调查。

（2）在线调查。通过网络平台，邀请被调查者进行在线回答。

（3）邮寄调查。将问卷寄给被调查者，要求其填写并回邮。

（4）面对面访问。直接面对面与被调查者进行沟通和调查。

4. 实施调查

在实施调查过程中，要注意保护被调查者的权益，确保调查的匿名性和保密性。同时，应尽可能保证调查的准确性和有效性，避免由于调查问题设计不合理导致数据偏差。

5. 数据处理与分析

在调查结束后，对问卷调查结果进行整理、分类、归纳，分析数据特点，提炼关键信息。根据调查结果，为康养产业标准化提供参考依据。

总之，问卷调查法作为一种常见的调研方法，在康养产业标准化研究中具有广泛应用。通过设计合适的调查问卷，可以获取大量、准确、可靠的数据信息，为政策制定、产业发展提供有力支持。在实际应用中，应根据具体情况选择合适的调查方式，保证调查的准确性和有效性。

3.6 专家会议法

3.6.1 专家会议法的概念和特点

1. 专家会议法的概念

专家会议法是指在制定或修订康养国家标准和行业标准过程中，组织专家进行讨论、论证的一种方法。其作用是通过专家的智慧和经验，为标准的制定或修订提供技术支持，以达到确保标准质量和适应市场需求的目的。

2. 专家会议法的特点

专家会议法可以充分发挥专家在技术、经验等方面的优势，为标准制定提供有力支持。此外，通过专家会议法，可以调动更多相关部门和企业的积极性，提高标准的实施效果。但也存在一定挑战，如专家分布、时间安排、费用预算等。因此，在实施专家会议法时，应充分考虑这些因素，制定合理的会议组织方案。

3.6.2 专家会议法在康养产业标准化中的应用

1. 组织形式

专家会议法可以采取线上或线下相结合的方式进行。线上专家会议通常利用互联网会议平台，如视频会议、网络研讨会等；线下专家会议则可以在酒店、会议室等场所进行。

2. 会议准备

召开专家会议前，应充分了解标准制定的背景、目的和需求，制定会议议程和发言稿，以确保会议的顺利进行。

3. 会议召开

会议主持人应按照议程，组织专家逐个发言，讨论标准条款的修订或制定。会议过程中，应充分听取专家的意见和建议，避免出现争论和矛盾。

4. 会议记录

会议记录应详细记录专家发言、讨论过程和建议。记录应包括每位专家的姓名、单位、发言时间、发言内容等。

5. 会议总结

会议总结应由主持人对会议讨论情况进行总结，提炼出标准修订或制定的关键问题，以便下一步进行深入研究和完善。

总之，专家会议法作为我国康养产业标准化的重要手段，在推动标准实施和推广方面具有重要作用。通过完善会议组织形式和流程，充分发挥专家优势，我国康养产业标准化水平将得到进一步提升。

第4章 康养产业分类及体系

4.1 康养产业分类

根据《"健康中国2030"规划纲要》，参考《国民经济行业分类》（GB/T 4754—2017），结合《养老产业统计分类（2020）》《健康产业统计分类（2019）》《国家旅游及相关产业统计分类（2018）》《体育产业统计分类（2019）》等各细分领域政策文件，根据康养产品和服务在生产过程中所投入生产要素类型，对《国民经济行业分类》中符合康养产业特征相关活动进行再分类。康养产业是指依托康养资源、休闲疗养机构、医疗卫生和生物技术等，面向全生命周期、各年龄段人群开展的以主动预防、积极改善、促进参与为目的，涉及国民经济的多个部门和行业，包括健康管理、康复护理、养老照护、医疗旅游等相关服务，健康、养老用品和相关产品制造，以及康养资源与环境管理、绿色健康产品与中草药种植等生产活动。

与健康、养老产业相比，康养产业更加关注与人密切相关的健康行为改善，在主动健康、积极养老等方面具有更好的发展空间，其实质是从事健康及养老产业的企业之间在产业链上实现纵向联系，涵盖与康养密切相关的一二三产业，而非将康养服务产业同其他产业相割裂，具体包括以下分类。

（1）康养农业。是指以绿色健康食品、中药材种植养殖为主体的农业、林业、牧业和渔业，在生态旅游、生态种养基础上挖掘资源禀赋、康养价值和产业发展潜力。

（2）康养制造业。泛指为康养产品和服务提供生产加工服务的产业，根据康养制造业所加工制造产品属性的不同，又可以分为康养药品（含中医药等）与营养保健品加工；康养装备与设施制造，如医疗设备器械、辅助设备、养老设备等；康养智能制造，如可穿戴设备、智能监测设备、移动康养检测设备等；康养场地设施建设，如康养场地设计、健康装修、适老化改造等。

（3）康养服务业。主要由健康服务业、养老服务业和养生服务业组成，健康服务业包括医疗卫生服务、康复医疗、护理服务等（孙永立和张燕，2021），养老服务业包括养老院服务、社区养老服务、看护服务、旅居养老服务等，还包括美体美容、疗养旅游、健康管理与咨询等，同时还包括康养教育与研学（如老年人大学、研学旅行等）、康养金融与地产服务（养老机构租赁服务、专属保险）、智慧科技服务（养老平台、健康大数据）等（何荞等，2023）。

4.2 康养产业标准化体系

康养产业标准化的内容与体系构建是康养产业健康、可持续发展的基础。政府应该组织相关部门，结合国内外产业发展情况进行制定。同时，要确保标准有效性和实施情况，引导和推动产业发展方向，为标准化实施提供依据，促进标准化实施及其他相关工作落实。政府应组织相关部门，制定符合国情和产业特点的康养产业标准，并加强标准的实施和监督。康养产业标准体系的建设还包括建立完善的标准化体系、制定符合我国国情和产业特点的产业标准、加强标准实施和监督、落实政策导向、建立标准化的信息交流平台等内容，以提高整个产业的竞争力和服务水平。此外，通过培训和研究等方式，提高康养产业从业人员的素质和服务水平，从而提高整个产业的竞争力和服务水平（朱斌，2022）。

为构建一个完整的康养产业标准化体系，需要对各项指标进行评价，除此之外，康养产业标准化体系还需要加强宣传、培训并建立激励机制，构建政府、企业、社会共同参与、共同推动的标准化工作格局。总体上康养产业标准化的内容包括以下六个方面。

（1）基础术语和定义。明确康养、康养产业、康养服务等基础术语的含义和范围，为康养产业的发展提供统一的语言和概念。

（2）产品开发和创新。促进康养用品、保健品、药品、器械等产品的研发和创新，满足消费者的多样化需求，提高产品的质量和性能，推动科技化水平的提升。

（3）服务模式和规范。区分候鸟型养老、居家养老、机构养老等不同的服务模式，对各种服务模式的服务内容、服务流程、服务质量和服务效果等提出明确的要求和评价方法。

（4）人才培养和评价。加强康养服务人员的专业知识和技能培训，提高服务人员的素质和能力，建立人才评价和激励机制，促进人才队伍的稳定和发展。

（5）设施建设和管理。对康养民居旅馆、养老机构、老年康养社区、运动康养特色小镇等设施的设计、建造、安装、使用、维护等提出具体的技术标准和管理规范，保障设施的安全性、舒适性、便利性和卫生性。

（6）政策规划和监督监管。制定符合国家法律法规和国家标准、行业标准及部门规范等的政策规划，为康养产业的发展提供政策支持和指导，加强对康养产业的监督监管，维护市场秩序和消费者权益。

康养产业是一个全面、多元、综合性的体系，以满足不同消费群体的康养需求，根据国家统计分类，涵盖农业、工业、服务业和社会事业等领域结合康养相关关键词对其他行业标准进行检索，本书整理出与康养产业有关联度的标准，并筛选出与康养产业密切相关的行业标准，以康养农业、康养制造业和康养服务业作为分类标准（何莽，2022），再增加一些综合性的公共服务的康养产业新业态构成社会事业标准，全面覆盖整个康养产业，并制定相关产业标准。

4.2.1 康养农业

1. 基础术语和定义

康养农业是指所提供的产品和服务主要以健康农产品、农业风光为基础和元素，或者是具有康养属性、为康养产业提供生产原材料的林、牧、渔业等融合业态。康养农业是传统农业的升级版，将传统的第一产业与第三产业相融合，以健康为宗旨，以"三农"（农村、农业和农民）为载体，以科学养生方法为指导的新业态，是结合农业生产、健康养生、休闲旅游的综合性农业模式。包括生态农业、休闲农业、旅游农业、有机农业等。

（1）生态农业。一种强调生态平衡和可持续发展的农业生产方式，旨在保护生态环境和生物多样性。

（2）休闲农业。一种在农业环境中进行的休闲活动，如野餐、徒步等。

（3）旅游农业。一种以农业生产、农村生活为基础，提供旅游和休闲服务的活动。

（4）有机农业。一种不使用化学肥料和农药，遵循自然规律的农业生产方式。

2. 产品标准

（1）康养农产品内容。

定义：康养农产品是指通过绿色、生态的农业生产方式，具有提高人体健康和生活质量功能的农产品。

范围：包括但不限于绿色蔬菜、有机水果、药食同源产品、天然草本植物等。

特征：无农药残留、无化学添加、营养丰富、安全卫生。

分类：可分为食用类、药用类、保健类等。

适用范围：适用于各年龄段人群，特别是中老年人、儿童和亚健康人群。

（2）质量要求。

质量指标：营养成分、微生物指标、农药残留、重金属含量等。

评价方法：采用国家认可的实验室和检测方法进行评价。

法规遵循：符合《中华人民共和国食品安全法》《中华人民共和国农产品质量安全法》等相关法律法规和标准规定。

（3）生产要求。

管理规范：实施全程质量追溯体系，确保生产过程的可控和可追溯。

生产环节：从种植、养殖、采收、加工到储运，每个环节都要严格控制。

生态原则：遵循绿色生态、循环利用、减少污染的原则，实施低碳、环保的生产模式。

（4）标识要求。

内容：产品名称、规格、成分、营养成分表、保质期、生产日期、生产者信息、质量认证标志等。

形式：清晰、直观、易于理解，便于消费者识别和选择。

信息透明：提供完整、准确的产品信息，保障消费者的知情权和选择权。

（5）检验要求。

方法和程序：采用国家标准的检验方法和程序，确保检验的科学性和准确性。

样品处理：样品需在规定的条件下保存、处理，避免交叉污染。

仪器设备：使用经过国家认证的仪器设备进行检测。

判定依据：根据国家相关标准和法规进行判定，确保检验结果的公正性和权威性。

（6）监管和执行。

建立康养农产品的监管体系，由相关部门进行监督管理。加强对康养农产品生产企业的指导和培训，提高其生产管理水平。对不符合标准的康养农产品，要依法进行查处，并向社会公开。通过以上各方面的规定和实施，可以确保康养农产品的质量和安全，满足消费者的需求，推动康养农业的健康发展。

3. 服务标准

（1）服务内容标准。

定义与范围：明确康养农业所提供的服务项目和范围，如生态体验、休闲度假、疗养保健、文化教育、科技创新等，以满足不同消费者的需求和偏好。

具体项目：详细列出各个服务项目的具体内容、执行标准和服务流程，如养生保健项目应包含哪些服务，医疗康复项目应达到哪些标准等。

服务效果：为每个服务项目设定预期效果和评价标准，确保服务质量和效果的可衡量性和可比较性。

（2）服务态度标准。

服务精神：强调服务人员应具备的精神状态，如热情、耐心、细致等，以及对客户的尊重和友善。

服务行为：明确服务人员在服务过程中应遵循的行为规范和礼仪标准，如言谈举止、着装仪容等。

服务反馈：设定服务人员应如何接受和处理客户的反馈和建议，以及如何进行自我改进和提高。

（3）服务质量标准。

质量指标：制定康养农业服务的具体质量指标，如服务响应时间、服务完成时间、客户满意度等。

评价方法：建立服务质量的评价体系和方法，包括客户评价、第三方评价等，确保服务质量的客观性和公正性。

质量改进：根据服务质量评价结果，制订和实施服务质量改进计划，持续提升服务水平。

（4）服务流程标准。

流程管理：制定康养农业的服务流程管理规范，明确服务前、中、后各个环节的管理要求和操作指南。

流程优化：定期对服务流程进行评估和优化，提高服务效率和客户满意度。

流程监控：建立服务流程监控机制，确保服务流程的顺利进行和问题的及时发现与解决。

（5）服务人员标准。

人员配置：明确各服务项目的人员配置要求，如人数、资质、经验等。

培训考核：制订服务人员的培训计划和考核标准，确保服务人员具备所需的专业知识和技能。

激励机制：建立服务人员的激励机制，通过物质和精神奖励，激发服务人员的工作积极性和创新性。

（6）服务设施标准。

设施要求：制定康养农业服务设施的建设、维护、更新要求，确保设施的功能性、安全性和舒适性。

设施管理：建立服务设施的管理制度和操作规程，确保设施的正常运行和使用寿命。

设施改进：根据服务需求和客户反馈，不断对服务设施进行改进和优化。

（7）服务监督标准。

内部监督：建立健全内部质量管理体系，通过自查自评、内审外审等活动，发现并纠正问题。

外部监督：积极参与行业协会或第三方机构的评估认证，接受社会公众和相关部门的监督检查，提高服务透明度和信誉度。

4. 管理标准

（1）组织架构标准。

组织架构：明确康养农业企业的组织架构，包括各个部门的设置、职责和人员配置。

管理层级：制定企业的管理层级和职权划分，确保企业的高效运作和决策效率。

人员要求：对企业内各级管理人员的资质、经验和能力进行明确规定，确保管理层的专业性和合规性。

（2）管理制度标准。

制度内容：制定康养农业企业的各项管理制度，如文化建设、食品卫生、人力资源管理等。

制度执行：明确各项管理制度的执行要求和执行部门，确保制度的有效实施。

制度评估：定期对各项管理制度进行评估和修订，确保制度的时效性和适应性。

（3）管理体系标准。

质量管理体系：参照 ISO 9000 等国际标准，制定康养农业的质量管理体系，确保产品和服务的质量。

环境管理体系：参照 ISO 14000 等国际标准，制定康养农业的环境管理体系，确保生产和服务的环保。

其他管理体系：如 TQC 管理体系、食品安全管理体系等，确保企业的全面管理和持续改进。

（4）行业、地方和团体标准。

行业标准：根据康养农业的特点和需求，制定行业标准，如生产技术、产品质量、服务质量等方面的标准。

地方标准：根据地方的特色和资源，制定地方标准，如特色农产品、地方特色服务等方面的标准。

团体标准：由行业协会或其他团体组织制定的标准，如某行业自律行为规范团体标准、行业协会自律公约等。

（5）监督与执行机制。

监督机制：建立康养农业的监督机制，由相关部门进行监督管理，确保标准的执行和落实。

执行机制：制订标准的执行计划和方法，确保标准的有效实施，提高服务质量和效率。

5. 政策依据

（1）国家层面：《中共中央　国务院关于印发国家积极应对人口老龄化中长期规划》《国务院关于实施健康中国行动的意见》《国务院办公厅关于推进养老服务发展的意见》《国务院办公厅印发关于切实解决老年人运用智能技术困难实施方案的通知》等文件都提出了加强健康与田园、养老、文化、旅游、互联网、健身休闲、食品融合，催生健康新产业、新业态、新模式的要求和目标。

（2）行业层面：《工业和信息化部　民政部　国家卫生健康委关于印发〈智慧健康养老产业发展行动计划（2021—2025年）〉的通知》《全国乡村产业发展规划（2020—2025年）》等文件都提出了推动智慧健康养老产业发展，大力发展田园综合体，完善田园综合体项目基础环境，培育新型经营主体，打造乡村旅游精品线路和特色品牌等措施和任务。

（3）地方层面：各省（区、市）根据本地实际情况制定了不同的康养农业相关的政策文件，如《山西省康养产业促进条例》《重庆市协同推进川渝共建特色农旅康养产业带》等文件都提出了加强资源整合和创新驱动，打造具有地方特色和文化内涵的田园综合体、疗养基地、药用植物园等项目，提升康养服务质量和效果，满足消费者的多元化需求。

（4）团体层面：由相关行业协会或社会组织制定的自律性标准，如中国林业与环境促进会发布的《生态康养基地评定标准》（T/CCPEF

056—2019)、中国标准化协会《康养服务规范》等文件都提出了评价或认证康养基地或服务的方法和程序，促进行业内部管理水平的提高，保障消费者权益，增强行业竞争力。

4.2.2 康养工业

1. 基础术语和定义

（1）康养制造业：是指为康养产品和服务提供生产加工服务的产业。

（2）康养药业与食品：是指以药物、保健品、营养品等为主要产品的制造业，主要用于预防、治疗、康复或改善人体健康状况的目的，如各类中西药物、中药饮片、保健食品、功能性食品等。

（3）康养装备制造业：是指以医疗器械、辅助设备、养老设备等为主要产品的制造业，主要用于提供医疗诊断、治疗、护理、康复或养老服务的设备或工具，如各类医用仪器、医用耗材、辅助器具、智能家居等。

（4）康养智能制造业：是指以可穿戴医疗设备、移动检测设备等为主要产品的制造业，主要用于利用信息技术和人工智能等手段，实现对人体健康状况的实时监测、分析和干预的设备或系统，如各类智能手环、智能衣服、智能眼镜、智能药盒等。

2. 产品标准

（1）产品质量要求。

质量指标：明确康养制造产品的质量指标，包括原料、成分、功能、安全、卫生、感官等方面。

评价方法：制定质量评价的具体方法和流程，确保产品符合国家相关法律法规和标准规定。

质量控制：在生产过程中实施严格的质量控制，确保产品的质量稳定可靠。

(2) 生产过程管理。

管理规范：制定康养制造业的生产过程管理规范，明确各个环节的管理要求和标准。

绿色生态：在生产过程中遵循绿色生态，实施循环利用，减少污染的原则。

流程优化：优化生产流程，提高生产效率和产品质量。

(3) 产品标识要求。

标识内容：制定康养制造产品的标识内容，包括名称、规格、成分、功能说明、使用方法、注意事项等。

标识形式：规定标识的形式和样式，确保信息的清晰、准确、易懂。

消费者识别：通过明确的产品标识，帮助消费者正确识别和选择产品。

(4) 产品检验要求。

检验方法：制定康养制造产品的检验方法和程序，确保检验的准确性和可靠性。

抽样与样品处理：明确抽样的方法和样品的处理流程，确保检验结果的客观性。

仪器设备与判定依据：规定检验所需的仪器设备和判定依据，提高检验的科学性和合理性。

(5) 持续改进与创新。

改进机制：建立持续改进机制，不断优化产品和服务，提高康养制造业的竞争力。

创新发展：鼓励康养制造业的技术创新和模式创新，推动行业的持续发展。

行业协同：加强与相关行业和机构的协同，共同推动康养制造业的健康发展。

3. 服务标准

（1）服务内容标准。

定义与范围：明确康养制造业的服务内容和范围，包括康养产品的生产、提供、使用和管理等。制定相关规范和要求，确保康养产品和服务的质量、安全、有效性和可持续性。

服务效果：为每个服务项目设定预期效果和评价标准。采用可衡量和可比较的方法，确保服务质量和效果。

（2）服务态度标准。

服务精神：强调服务人员应具备的服务精神，如热情、耐心、细致等。提倡对客户的尊重和友善。

服务行为：明确服务人员在服务过程中应遵循的行为规范和礼仪标准。规范服务人员的言谈举止、着装仪容等。

服务反馈：设定服务人员应如何接受和处理客户的反馈和建议。引导服务人员进行自我改进和提高。

（3）服务质量标准。

评价方法：建立客观公正的服务质量评价体系和方法。通过客户评价、第三方评价等多方评价，确保服务质量的客观性和公正性。

质量改进：根据评价结果，制订和实施服务质量改进计划。持续提升服务水平，满足客户需求。

（4）服务流程标准。

流程管理：定期对服务流程进行评估和优化。通过流程优化，提高服务效率和客户满意度。

流程监控：建立服务流程监控机制，确保服务流程的顺利进行。及时发现并解决流程中出现的问题。

（5）服务人员标准。

人员配置：明确各服务项目的人员配置要求。确保服务人员具备所需的资质和经验。

培训考核：制订服务人员的培训计划和考核标准。通过培训和考核，确保服务人员具备所需的专业知识和技能。

激励机制：建立服务人员的激励机制。通过物质和精神奖励，激发服务人员的工作积极性和创新性。

（6）服务设施标准。

设施要求：制定服务设施的管理制度和操作规程。确保设施的正常运行和使用寿命。

设施改进：根据服务需求和客户反馈，不断对服务设施进行改进和优化提升设施的功能性和品质。

（7）服务监督标准。

内部监督：建立健全内部质量管理体系。通过自查自评、内审外审等活动，发现并纠正问题。

外部监督：积极参与行业协会或第三方机构的评估认证。接受社会公众和相关部门的监督检查，提高服务透明度和信誉度。

4. 管理标准

（1）组织架构标准。

组织架构：明确康养制造企业的组织架构和管理层级，确保企业高效运作。

职责划分：清晰各部门、各岗位的职责和权限，确保组织的协同工作。

（2）管理制度标准。

制度建设：制定全面的管理制度，包括但不限于行政管理、人力资源管理、财务管理、生产管理等。

制度执行：确保各项管理制度得到有效执行，并进行定期的评估和修订。

（3）管理体系标准。

质量管理体系：建立符合国际标准的质量管理体系，如 ISO 9000。

环境管理体系：建立符合国际标准的环境管理体系，如 ISO 14000。

（4）人力资源管理标准。

人员配置：根据生产和管理需要，合理配置人力资源。

培训与发展：提供员工培训和发展计划，提升员工的职业能力和职业素养。

（5）生产管理标准。

生产计划：制订科学合理的生产计划，确保生产的顺利进行。

生产过程控制：对生产过程进行严格的控制，确保产品的质量和生产的效率。

（6）质量管理标准。

质量控制：建立严格的质量控制体系，从原材料到成品进行全过程控制。

质量改进：根据质量数据和客户反馈，持续进行质量改进。

（7）环境和安全管理标准。

环境保护：遵循环境保护法律法规，减少生产过程中的环境污染。

职业健康安全：建立职业健康安全管理体系，预防职业病和工伤事故的发生。

（8）信息管理标准。

信息系统：建立完善的信息管理系统，实现信息的快速传递和准确处理。

信息安全：建立严格的信息安全管理体系，保护企业和客户的信息安全。

（9）客户关系管理标准。

客户满意度：建立客户满意度评价体系，持续提升客户满意度。

客户服务：提供高质量的客户服务，及时解决客户的问题和需求。

（10）持续改进标准。

改进机制：建立持续改进的机制，不断优化管理体系和生产过程。

改进效果：通过持续改进，实现企业绩效的持续提升。

通过这些管理标准的制定和实施，康养制造业可以更加规范和高效地进行管理，提升企业的竞争力和市场地位。

5. 政策依据

（1）国家层面：主要涉及《中华人民共和国老年人权益保障法》《国务院关于印发"十四五"国家老龄事业发展和养老服务体系规划的通知》《智慧健康养老产业发展行动计划》等文件，以及《中国制造2025》《国务院办公厅关于推进养老服务发展的意见》等文件对康养制造业的相关部署。

（2）行业层面：《工业和信息化部　民政部　国家卫生健康委关于印发〈智慧健康养老产业发展行动计划（2021—2025年）〉的通知》。

（3）地方层面：为了加快推进养老服务体系和康养产业发展，各地区根据国家和本地实际情况，制定了相应的发展规划。例如，《河南省"十四五"养老服务体系和康养产业发展规划》提出了实施康复辅具制造行动、老年用品创新行动等具体措施，以及建设一批康养产业制造园区、建立老年用品产业链等目标。

4.2.3　康养服务业

康养服务业是康养产业的一个重要组成部分，主要涉及提供各类康养服务，以满足人们在身体、心理和社会层面上的健康和养生需求。康养服务业结合了医疗、健康、旅游、休闲、文化等多个领域，形成了一个多元化、综合性的服务体系（胡燕利等，2022）。康养服务业的产品包括康养服务项目和康养商品两大类。

1. 基础术语和定义

（1）健康服务：是指以预防为主，以医疗、康复、保健、健康管理和健康教育为内容，以提高人群健康水平和生活质量为目标的服务活动。

（2）养老服务：是指以老年人为对象，以满足老年人生活、医疗、文化、娱乐等多方面需求为内容，以保障老年人安享晚年为目标的服务活动。

（3）养生服务：是指以中医药理论和方法为主导，结合现代科技手段，通过调节人体的气血、阴阳、脏腑等平衡，达到预防疾病、延缓衰老、增强体质的服务活动。

（4）康养机构：是指提供康养产品和服务的法人或其他组织，包括医疗机构、养老机构、中医药机构、健身休闲机构等。

（5）康养产品：是指具有康养功能或属性的物品或知识产权，包括药品、保健品、医疗器械、辅助设备、养生用品等。

（6）康复服务：是指应用所有的措施以减轻残疾和残障的状况，提高病、伤、残者的功能，并使他们有可能不受歧视地成为社会的整体，使残疾人重返社会。

（7）健康教育与培训：提供健康知识和技能的教育和培训服务。

（8）健康金融与保险：提供健康相关的金融和保险服务。

（9）健康科技与智慧健康：利用科技手段，提供智能化的健康服务。

（10）健康公共管理与社会组织：对健康产业进行管理和组织的公共服务。

2. 产品标准

康养服务业的产品标准是康养产业标准体系中的一个重要组成部分，康养服务业的产品涵盖了健康监测、康复医疗、保健品、家政看护、养老度假、旅游休闲等多个方面，与医疗、保健、旅游、体育、文创、金融、科技等多个产业领域紧密相关。它主要规定了康养服务业的产品的生产、使用、质量等方面的要求。以"实施健康中国战略"的要求为基础，对康养服务的服务模式、服务环境、服务人员和服务安全等提出了明确要求。这些标准旨在促进康养服务业的标准化、规范化和科学化发展，为消费者提供更安全、更有效、更统一的康养产品和服务。

(1）产品定义与分类。

定义：明确康养服务产品的基本概念，包括其目的、功能和特性。

分类：根据服务内容、服务形式、服务对象等因素，将康养服务产品分为不同的类别。

（2）产品质量要求。

质量标准：制定康养服务产品的质量标准，包括服务效果、服务过程和服务环境等方面。

质量评价：建立康养服务产品的质量评价体系，包括客户满意度、服务效果等方面。

（3）产品生产与提供。

生产规范：制定康养服务产品的生产规范，包括服务流程、服务方法和服务人员等方面。

服务提供：明确康养服务产品的提供方式，包括服务时间、服务地点和服务频率等方面。

（4）产品使用与管理。

使用指南：提供康养服务产品的使用指南，包括使用方法、使用注意事项和使用禁忌等方面。

管理制度：制定康养服务产品的管理制度，包括产品更新、产品维护和产品投诉等方面。

（5）产品安全与效果。

安全标准：制定康养服务产品的安全标准，确保服务过程中的人员安全和信息安全。

效果评估：建立康养服务产品的效果评估体系，通过科学的方法评价服务效果。

（6）产品标识与信息。

标识要求：制定康养服务产品的标识要求，包括产品名称、产品类别和产品来源等方面。

信息披露：明确康养服务产品的信息披露要求，包括产品介绍、产品价格和产品评价等方面。

（7）产品研发与创新。

研发标准：制定康养服务产品的研发标准，鼓励产品创新和技术研发。

创新机制：建立康养服务产品的创新机制，支持新产品的开发和推广。

（8）产品法律法规与政策。

法律法规：明确康养服务产品应遵循的相关法律法规，包括国家法律、地方性法律法规等。

政策支持：明确康养服务产品享有的政策支持，包括政府补贴、税收优惠和金融支持等。

（9）产品市场与推广。

市场准入：制定康养服务产品的市场准入标准，明确产品上市的条件和要求。

推广策略：制定康养服务产品的推广策略，包括产品宣传、产品展示和产品营销等方面。

（10）产品持续改进与发展。

改进机制：建立康养服务产品的持续改进机制，鼓励产品优化和服务提升。

发展规划：制订康养服务产品的发展规划，明确产品发展的方向和目标。

3. 服务标准

（1）服务定义与分类。

定义：明确康养服务业的定义和范围，确保各方对康养服务有统一的理解。

分类：根据不同的标准，如消费群体、市场需求等，制定康养服务的具体类型和特征。

（2）服务质量与专业性。

服务模式：针对不同类型的康养服务，制定相应的服务模式，确保服务的专业性和规范性。

服务质量：设定明确的服务质量标准和评价指标，建立完善的质量管理体系。

（3）服务环境与设施。

环境要求：制定康养服务所需的环境标准，包括硬件设施和软件环境。

设施标准：明确康养服务所需的设施标准，确保服务的顺利进行。

（4）服务人员与培训。

人员要求：制定康养服务人员的资质和职责要求，确保服务的专业性。

培训与考核：建立完善的人员培训和考核体系，提升服务人员的专业水平。

（5）服务安全与风险管理。

安全标准：制定康养服务的安全操作规程和应急预案，防范各类服务风险。

风险监管：加强对康养服务的风险监管，维护消费者和服务提供者的合法权益。

（6）服务评价与改进。

评价体系：建立康养服务的评价体系，包括客户满意度和服务效果等方面。

持续改进：根据评价结果，不断优化服务流程和提升服务质量。

（7）服务法规与政策。

法规遵循：康养服务应遵循国家和地方的相关法律法规，维护市场秩序。

政策支持：明确康养服务业享有的政策支持和优惠，促进康养服务业的健康发展。

（8）服务监督与管理。

内部监督：加强康养服务的内部监督，确保服务的规范性和质量性。

外部监督：加强康养服务的外部监督，提高服务的透明度和公信力。

（9）服务创新与发展。

创新机制：鼓励康养服务的创新和多样化，满足不同消费者的需求。

发展战略：制定康养服务的发展战略和规划，引导康养服务业的持续发展。

（10）服务市场与推广。

市场准入：制定康养服务的市场准入标准和要求，规范市场秩序。

品牌推广：加强康养服务品牌的建设和推广，提升康养服务的市场影响力。

（11）服务价格与合同。

价格管理：制定康养服务的价格管理规范，确保价格的合理性和透明性。

合同规范：制定康养服务的合同规范，明确服务提供者和消费者的权利和义务。

通过以上各方面的标准制定，可以推动康养服务业的规范化、标准化发展，提高服务质量，满足消费者需求，同时也有利于康养服务业的健康、可持续发展。

4. 管理标准

（1）组织架构与管理层级。

组织架构：明确康养服务机构的组织架构，确保机构的高效运作。

管理层级：制定康养服务机构的管理层级，明确各级管理人员的职责和权限。

（2）管理制度与操作规程。

管理制度：制定康养服务机构的各项管理制度，如人力资源管理、财务管理等。

操作规程：制定康养服务的操作规程，确保服务的规范性和一致性。

（3）质量管理体系。

质量标准：制定康养服务的质量标准，确保服务的质量和安全。

质量监控：建立康养服务的质量监控体系，进行持续的质量改进。

（4）人力资源管理。

人员配置：制定康养服务人员的配置标准，如人数、资质、经验等。

培训与发展：制订康养服务人员的培训和发展计划，提升人员的专业水平。

（5）服务流程管理。

服务流程：制定康养服务的标准服务流程，提高服务效率。

流程优化：根据服务实践，不断优化服务流程，提升客户满意度。

（6）风险管理与应急预案。

风险评估：制定康养服务的风险评估方法，识别和评估服务风险。

应急预案：制定康养服务的应急预案，确保突发事件的及时、有效处理。

（7）客户关系管理。

客户满意度：制定客户满意度评价标准和方法，持续提升服务质量。

投诉处理：制定客户投诉的处理流程和标准，确保客户权益。

（8）信息管理与技术支持。

信息管理：制定康养服务的信息管理制度，确保信息的安全和准确。

技术支持：制定康养服务的技术支持标准，提升服务的科技含量。

（9）法律法规与合规管理。

法律法规：康养服务机构应遵循国家和地方的相关法律法规，维护市场秩序。

合规管理：制定康养服务的合规管理制度，确保机构的合法经营。

（10）持续改进与发展战略。

持续改进：制订康养服务的持续改进计划，推动服务的不断优化。

发展战略：制定康养服务的发展战略，引导机构的可持续发展。

通过以上各方面的管理标准制定，可以帮助康养服务业规范管理流程，提高服务质量和效率，同时也有利于康养服务业的健康、可持续发展（见图4-1）。

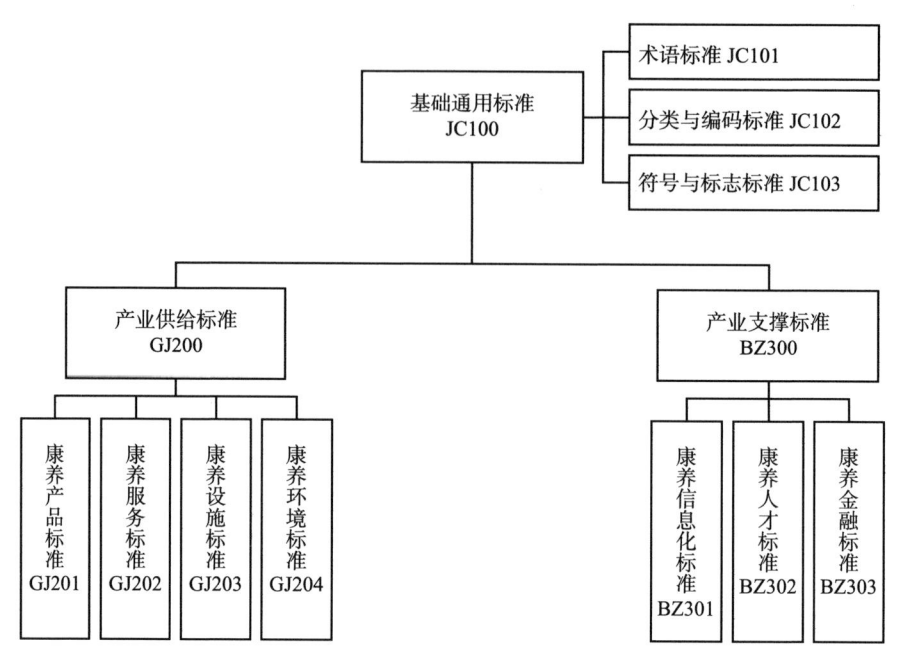

图 4-1 康养产业标准体系框架

5. 政策依据

（1）国家层面的规划和意见。例如，《国家积极应对人口老龄化中长期规划》《国务院关于实施健康中国行动的意见》《国务院办公厅关于推进养老服务发展的意见》等，都对康养服务业的发展方向、目标、任务和措施作出了明确部署。

（2）行业层面的标准和指南。例如，《康养服务规范》《团体标准编制指南》等，都对康养服务业的概念界定、服务模式、服务环境、服务人员和服务安全等方面提出了要求和指导。

（3）地方层面的规划和政策。各地根据自身实际情况，制定了相应的康养服务业发展规划和政策，如《河南省"十四五"养老服务体系和康养产业发展规划》等，为康养服务业的发展提供了有力支撑。如制定了《养老机构分级护理服务规范》（DB52/T 1680—2022）、《攀枝花市健康养生膳食指南》（DB5104/T 5—2018）等相应的标准。

4.2.4 社会事业

1. 基础术语和定义

康养教育产业按照分类属于社会事业。

（1）康养教育产业：是指以提升老年人的生活质量、健康水平、学习能力和社会参与度为目的，为老年人提供各种教育产品（货物和服务）的生产活动集合，包括专门为老年人提供的教育产品，以及适合老年人的教育用品和相关产品制造活动。

（2）教育产品：是指能够满足老年人学习需求、兴趣和爱好，提高老年人知识水平、技能水平和文化素养的各种教育内容、形式和载体，包括课程、培训、讲座、咨询、辅导、考试、证书等。

（3）教育用品：是指能够辅助老年人进行学习活动，提高老年人学习效率和舒适度的各种物品，包括教材、书籍、文具、电子设备、辅助器具等。

（4）相关产品：是指能够增强老年人学习体验，提升老年人学习成果的各种物品，包括奖品、纪念品、徽章、服装等。

（5）教育服务：是指能够为老年人提供教育产品的使用、维护、更新等方面的支持和帮助的各种服务，包括咨询服务、技术支持服务、售后服务等。

（6）康养教育机构：是指以提供康养教育产品和服务为主营业务的组织或单位，包括专业的康养教育机构（如老年大学、老年学院等），以及兼营康养教育业务的机构（如社区中心、图书馆等）。

（7）康养教育师资：是指具备相应的专业知识、技能和资质，能够为老年人提供高质量的康养教育产品和服务的人员，包括专职的康养教育教师（如老年大学教师等），以及兼职或志愿的康养教育导师（如社区志愿者等）。

（8）康养教育消费者：是指通过购买或使用康养教育产品和服务，实现自身学习目标和需求的老年人，包括主动参与学习的消费者（如老年大学学员等），以及被动接受学习的消费者（如家庭护理对象等）。

（9）康养教育市场：是指由康养教育产品和服务的供给方（如康养教育机构、师资等）和需求方（如康养教育消费者等）构成的交易场所或空间，包括线上市场（如网络平台等）和线下市场（如实体场所等）。

（10）康养教育效果：是指通过康养教育产品和服务对老年人产生的正向影响或价值，包括个体层面的效果（如知识技能提升、心理健康改善等），以及社会层面的效果（如社会参与度提高、社会贡献度增加等）。

2. 产品标准

（1）康养教育产品应符合国家相关法律法规的规定，不得含有违法违规的内容，不得损害老年人的合法权益，不得损害社会公共利益。

（2）康养教育产品应符合老年人的学习特点和需求，应具有适宜的难度、深度和广度，应具有趣味性、互动性和实用性，应具有多样性、灵活性和可选择性。

（3）康养教育产品应具有清晰的学习目标、内容和方法，应具有完善的评估体系和反馈机制，应具有持续的更新和改进能力，应具有可比较的质量标准和认证体系。

（4）康养教育产品应注重与老年人的生活实际和社会发展相结合，应注重培养老年人的终身学习能力和创新能力，应注重促进老年人的身心健康和社会参与，应注重提升老年人的幸福感和自信心。

（5）康养教育产品应充分利用现代信息技术和智能化手段，提高产品的可获取性、可操作性和可传播性，降低产品的成本、风险和门槛，拓展产品的覆盖范围、服务对象和影响力。

（6）康养教育产品应积极开展跨界融合和创新发展，与其他康养产业（如医疗、旅游、文化等）形成有效的互补和协同，与其他教育产业（如职业教育、继续教育等）形成有效的衔接和互补，与其他社会资源

（如政府、社会组织、企业等）形成有效的合作和共赢。

（7）康养教育产品应尊重老年人的个性差异和多元需求，提供个性化、定制化和差异化的产品选择，满足老年人不同层次、类型和方向的学习需求，激发老年人不同程度、形式和领域的学习兴趣。

（8）康养教育产品应遵循科学、规范、公正的原则，保证产品的真实性、准确性和有效性，防止产品的虚假宣传、误导消费和损害利益，维护产品的品牌形象、市场信誉和社会责任。

3. 服务标准

（1）康养教育服务应符合国家相关法律法规的规定，不得从事违法违规的活动，不得损害老年人的合法权益，不得损害社会公共利益。

（2）康养教育服务应符合老年人的服务特点和需求，应提供便捷、安全、舒适、优质的服务环境，应提供专业、热情、耐心、周到的服务态度，应提供及时、有效、满意的服务结果。

（3）康养教育服务应具有清晰的服务流程、规范和要求，应具有完善的服务监督、评价和投诉机制，应具有持续的服务改进和优化能力，应具有可比较的服务标准和认证体系。

（4）康养教育服务应注重与老年人的学习实际和社会发展相结合，应注重培养老年人的终身学习能力和创新能力，应注重促进老年人的身心健康和社会参与，应注重提升老年人的幸福感和自信心。

（5）康养教育服务应充分利用现代信息技术和智能化手段，提高服务的可获取性、可操作性和可传播性，降低服务的成本、风险和门槛，拓展服务的覆盖范围、服务对象和影响力。

（6）康养教育服务应尊重老年人的个性差异和多元需求，提供个性化、定制化和差异化的服务选择，满足老年人不同层次、类型和方向的学习需求，激发老年人不同程度、形式和领域的学习兴趣。

（7）康养教育服务应遵循科学、规范、公正的原则，保证服务的真实性、准确性和有效性，防止服务的虚假宣传、误导消费和损害利益，维护服务的品牌形象、市场信誉和社会责任。

（8）康养教育服务应注重对老年人进行健康教育和生态教育，增强老年人对自身健康状况和生活方式的认识和管理，增强老年人对自然环境和生态系统的尊重和保护，增强老年人对生态文明建设和可持续发展的支持和参与。

（9）康养教育服务应注重对老年人进行文化教育和艺术教育，丰富老年人的文化生活和精神世界，培养老年人的文化素养和艺术鉴赏能力，激发老年人的文化创造力和艺术表达力。

4. 管理标准

（1）康养教育管理应建立完善的政策支持和激励机制，加大财政投入、税费优惠、金融支持等方面的政策力度，鼓励社会资本参与康养教育产业发展。

（2）康养教育管理应建立健全的人才培养和保障机制，加强康养教育相关专业的教育培训，提高康养教育从业人员的专业素质和技能水平，完善从业人员的待遇保障和职业发展制度。

（3）康养教育管理应建立健全的风险防控和应急处置机制，加强对康养教育产品和服务的安全监管，制定应对突发事件和紧急情况的预案和措施，及时有效地处理各类风险和危机。

（4）康养教育管理应建立健全的市场监测和分析机制，掌握康养教育市场的动态、趋势、机遇、挑战等信息，及时调整康养教育发展策略和措施，提高康养教育市场竞争力和适应力。

（5）康养教育管理应建立健全的品牌建设和宣传推广机制，树立康养教育的形象、特色、优势等信息，利用各种媒体和渠道进行有效的宣传推广活动，扩大康养教育的知名度和影响力。

（6）康养教育管理应建立健全的合作交流和学习借鉴机制，加强与国内外同行业或相关领域的合作交流，学习借鉴先进经验和做法，促进康养教育产业的创新发展。

（7）康养教育管理应建立健全的社会监督和评价机制，加强对康养教育产业的社会监督和评价，听取老年人、社会组织、专家学者等各方面的意见和建议，不断改进和完善康养教育产业的发展水平。

（8）康养教育管理应建立健全的法律法规和行业规范机制，加强对康养教育产业相关法律法规和行业规范的制定、修订、宣传、执行等工作，规范康养教育产业的发展秩序。

（9）康养教育管理应建立健全的效果评估和反馈机制，定期对康养教育产业的发展效果进行评估和反馈，分析康养教育产业对老年人个体层面和社会层面产生的影响或价值，总结康养教育产业的经验与问题。

5. 政策依据

（1）《国务院关于印发"十四五"国家老龄事业发展和养老服务体系规划的通知》。提出了"十四五"时期老龄事业发展和养老服务体系建设的总体要求、基本原则、发展目标、重点任务和保障措施，其中涉及康养产业的培育和发展、康养服务体系的完善和创新、康养服务人员的培训和激励等方面。

（2）《国务院办公厅关于建立健全养老服务综合监管制度促进养老服务高质量发展的意见》提出了建立健全养老服务综合监管制度的总体要求、主要任务、组织实施和保障措施，其中涉及康养服务标准和评价体系、康养服务质量和安全监管、康养服务信息化建设等方面。

（3）《人力资源社会保障部办公厅关于做好国家级（康养）高技能人才培训基地建设有关工作的通知》提出了国家级（康养）高技能人才培训基地建设的总体要求、主要任务、组织实施和保障措施，其中涉及康养服务人员培训需求分析、课程设置、师资队伍、培训规模等方面。参阅《攀枝花市康养产业基础术语》（DB510400/T 162—2017）。

6. 持续改进与发展战略

（1）持续改进。社会事业应明确自身的发展目标，为改进提供方向。

制订详细的改进计划，明确改进的时间表和路线图。加强对服务质量的监管，及时发现和解决问题。引入科技手段，提高服务质量和效率。加强人员的培训，提高人员的专业素质和服务能力。积极收集服务对象的反馈，根据反馈进行调整和改进。持续进行研究，了解最新的服务理念和方法，为改进提供理论支持。加强与其他社会事业的合作，共同分享经验和资源，推动整个行业的发展。

（2）发展战略。应以满足人民群众日益增长的物质文化需要为根本出发点，以改革创新为动力，实现社会事业的全面、协调、可持续发展。针对不同领域和层次的社会事业，分类制定相应的政策和措施。加大对社会事业的财政支持力度，确保社会事业发展的基本需求。同时，完善相关法律法规，为社会事业的发展提供法治保障。鼓励和引导社会力量参与社会事业的建设和发展，形成政府主导、社会参与的多元化发展格局。实施人才战略，培养一支德才兼备、结构合理的社会事业人才队伍，为社会事业的持续发展提供人才保障。充分利用信息技术，提高社会事业的信息化水平，实现信息资源的共享和利用，提高服务效率和质量。

综上所述，社会事业标准的发展战略确立，需要从多个方面综合考虑和规划，确保社会事业全面、协调、可持续发展。

第 5 章　康养产业标准化发展介绍

5.1　森林康养产业标准

5.1.1　基础术语和定义

（1）森林康养：利用森林环境进行的康复与养生活动。
（2）康养资源：森林中可供康养使用的自然和文化资源。
（3）康养设施：为康养活动提供支持的设施，如步道、休息区等。
（4）康养服务：在森林康养区域提供的各类服务。
（5）康养产品：基于森林康养资源开发的产品。
（6）康养体验：在森林康养活动中获得的感受和体验。
（7）康养效果：森林康养活动对人体健康的积极影响。
（8）生态保护：保护森林生态，维持生态平衡。
（9）可持续发展：森林康养的发展应符合可持续发展原则。
（10）生态文明：在森林康养活动中推广的生态保护理念。

5.1.2　产品标准

（1）产品质量：森林康养产品必须符合国家相关法律法规和标准规定。

（2）产品内容：产品应包含清晰的服务内容、活动安排、费用明细等。

（3）产品多样性：应提供多种类型的康养产品，满足不同消费者的需求。

（4）产品可持续性：康养产品应注重可持续发展，保护康养资源和环境。

（5）产品创新：鼓励开发创新型康养产品，提升产品竞争力。

（6）产品包装：康养产品的包装应环保、美观、实用。

（7）产品定价：产品价格应公正合理，符合市场规律。

（8）产品服务：产品应配备完善的服务，提升消费者满意度。

5.1.3 服务标准

（1）服务质量：服务应达到国家和行业的相关标准，提供高质量的服务。

（2）服务效率：服务应迅速、准确，提高服务效率。

（3）服务态度：服务人员应具备良好的服务态度，如热情、耐心、细致等。

（4）服务专业性：服务人员应具备相关的专业知识和技能。

（5）服务可达性：康养服务应便利、易达，满足消费者需求。

（6）服务多样性：提供多样化的服务，满足不同消费者的需求。

（7）服务创新：鼓励服务创新，提升服务竞争力。

（8）服务透明度：服务内容、价格等应公开透明。

（9）服务满意度：应建立服务满意度评价体系，持续改进服务。

（10）服务安全：应确保服务的安全性，防范各类服务风险。

5.1.4 管理标准

（1）管理体系：应建立完善的管理体系，确保组织的高效运作。

（2）管理制度：应制定并执行严格的管理制度，规范管理行为。

（3）管理人员：应具备相关的专业知识和管理能力。

（4）管理效率：应提高管理效率，优化管理流程。

（5）管理创新：鼓励管理创新，提升管理水平。

（6）管理透明度：管理决策、管理行为等应公开透明。

（7）风险管理：应建立风险管理体系，防范和控制各类风险。

（8）质量管理：应建立质量管理体系，持续改进产品和服务质量。

（9）人力资源管理：应合理配置人力资源，提高人力资源利用效率。

（10）环境管理：应注重环境保护，实施绿色管理。

5.1.5 政策依据

1. 国家政策支持

近年来，国家高度重视森林康养产业的发展，出台了一系列政策措施，如《关于促进森林康养产业发展的意见》等，为森林康养产业标准的制定提供了政策依据。

2. 法律法规依据

森林康养产业标准的制定需要遵循相关法律法规的规定，如《森林法》《环境保护法》等，确保标准的合法性和合规性。

3. 行业标准依据

在森林康养产业发展过程中，相关行业组织、协会等也制定了一系列行业标准，如《森林康养基地评定标准》等，为森林康养产业标准的制定提供了参考依据。

4. 地方政策依据

森林康养产业的发展还得到了地方政府的大力支持，各地相继出台了相关地方政策，如《关于加快森林康养产业发展的实施意见》等，为森林康养产业标准的制定提供了地方政策依据。

综上所述，森林康养产业标准的政策依据包括国家政策支持、法律法规依据、行业标准依据和地方政策依据等多个方面。

5.2 康养旅游产业标准

5.2.1 基础术语和定义

（1）康养旅游：指以优良的自然生态环境和人文景观为依托，以促进人的身心健康为目的，采取生态友好、绿色低碳、文明健康的方式，将旅游、养老、养生、医疗、休闲等业态融合发展的一种综合性旅游模式。

（2）康养旅游产品：指以满足旅游者康养需求为主要特征，以自然资源、文化资源、医疗资源等为基础，通过创新设计、整合开发、规范运营等方式形成的具有一定价值和功能的旅游产品。

（3）康养旅游服务：指以提高旅游者康养体验为主要目标，以专业知识、技能、设施等为手段，通过人与人、人与物、物与物等方式进行的有偿或无偿的旅游活动。

（4）康养旅游基地：指以优良的自然生态环境和人文景观为依托，以促进人的身心健康为目的，集旅游、养老、养生、医疗、休闲等功能于一体，具有一定规模和影响力的旅游区域。

（5）康养旅游示范基地：指经国家或省级相关部门认定，具有较高水平的康养旅游基地。

（6）康养旅游目的地：指具有较强吸引力和竞争力的康养旅游基地或区域，能够满足不同层次和类型的旅游者康养需求，提供完善和优质的康养旅游产品和服务。

（7）康养旅游市场：指由供给方和需求方组成的康养旅游产品和服务的交易场所或空间。

（8）康养旅游消费：指旅游者在康养旅游目的地或途中为满足自身康养需求而进行的有偿或无偿的购买或使用行为。

（9）康养旅游效益：指康养旅游活动所产生的经济效益、社会效益和生态效益等综合效果。

（10）康养旅游评价：指对康养旅游活动及其相关要素进行系统分析和综合评价，以反映其现状、问题和趋势，为决策提供依据。

5.2.2 产品标准

1. 康体检查类产品

康体检查类产品指以提供专业化、个性化的健康体检服务为主要内容，结合相关医疗咨询、诊断治疗等服务为辅助内容，以预防疾病、保持健康为目标的康养旅游产品。该类产品应符合以下标准。

（1）体检机构应具备合法资质，拥有专业医护人员和先进设备，按照国家相关规定执行体检流程和标准。

（2）体检项目应根据不同年龄、性别、健康状况等因素进行个性化设计，涵盖常规检查、专项检查、功能检查等内容，覆盖人体各个系统和器官。

（3）体检结果应及时反馈给旅游者，并提供专业的健康评估和建议，如有异常情况，应及时安排相关医疗服务。

（4）体检机构应保障旅游者的隐私权和知情权，妥善保管和使用体检资料，不得泄露或滥用旅游者的个人信息。

2. 康复理疗类产品

康复理疗类产品指以提供针对特定疾病或功能障碍的康复理疗服务

为主要内容,结合相关医疗保健、休闲娱乐等服务为辅助内容,以恢复或改善身体功能为目标的康养旅游产品。该类产品应符合以下标准。

(1) 康复理疗机构应具备合法资质,拥有专业医护人员和先进设备,按照国家相关规定执行康复理疗流程和标准。

(2) 康复理疗项目应根据不同疾病或功能障碍的类型、程度、特点等因素进行个性化设计,涵盖物理治疗、功能训练、心理辅导等内容,适应旅游者的康复需求和能力。

(3) 康复理疗效果应定期评估和反馈给旅游者,并提供专业的康复指导和建议,如有并发症或不良反应,应及时安排相关医疗服务。

(4) 康复理疗机构应保障旅游者的隐私权和知情权,妥善保管和使用康复理疗资料,不得泄露或滥用旅游者的个人信息。

3. 养生养老类产品

养生养老类产品指以提供适合老年人或有养生需求的人群的居住、餐饮、娱乐等生活服务为主要内容,结合相关医疗保健、文化教育等服务为辅助内容,以延缓衰老、提高生活质量为目标的康养旅游产品。该类产品应符合以下标准。

(1) 养生养老机构应具备合法资质,拥有专业管理人员和服务人员,按照国家相关规定执行养生养老服务流程和标准。

(2) 养生养老项目应根据不同年龄、性别、健康状况等因素进行个性化设计,涵盖住宿、餐饮、娱乐、运动、文化等内容,符合旅游者的养生养老需求和喜好。

(3) 养生养老效果应定期评估和反馈给旅游者,并提供专业的养生养老指导和建议,如有健康问题或突发事件,应及时安排相关医疗服务。

(4) 养生养老机构应保障旅游者的隐私权和知情权,妥善保管和使用养生养老资料,不得泄露或滥用旅游者的个人信息。

4. 医疗美容类产品

医疗美容类产品指以提供针对外貌或形体的改善或修复的医疗美容

服务为主要内容，结合相关医疗咨询、护理保养等服务为辅助内容，以提升自信和幸福感为目标的康养旅游产品。该类产品应符合以下标准。

（1）医疗美容机构应具备合法资质，拥有专业医护人员和先进设备，按照国家相关规定执行医疗美容流程和标准。

（2）医疗美容项目应根据不同外貌或形体的问题、需求、特点等因素进行个性化设计，涵盖整形手术、注射美容、激光美容等内容，符合旅游者的医疗美容需求和期望。

（3）医疗美容效果应定期评估和反馈给旅游者，并提供专业的医疗美容指导和建议，如有并发症或不良反应，应及时安排相关医疗服务。

（4）医疗美容机构应保障旅游者的隐私权和知情权，妥善保管和使用医疗美容资料，不得泄露或滥用旅游者的个人信息。

5. 自然疗法类产品

自然疗法类产品指以利用自然资源或自然力量进行治疗或预防的自然疗法服务为主要内容，结合相关医疗咨询、健康教育等服务为辅助内容，以调节身心平衡、增强抵抗力为目标的康养旅游产品。该类产品应符合以下标准。

（1）自然疗法机构应具备合法资质，拥有专业医护人员和设施，按照国家相关规定执行自然疗法流程和标准。

（2）自然疗法项目应根据不同自然资源或自然力量的特性、功效、适用范围等因素进行个性化设计，涵盖泥浴、温泉、气候、海水等内容，符合旅游者的自然疗法需求和适应性。

（3）自然疗法效果应定期评估和反馈给旅游者，并提供专业的自然疗法指导和建议，如有并发症或不良反应，应及时安排相关医疗服务。

5.2.3 服务标准

（1）康养旅游服务提供者应具备合法资质，按照国家相关规定和行业标准开展康养旅游服务活动，不得从事违法违规的行为。

（2）康养旅游服务提供者应根据旅游者的康养需求和特点，提供个性化、专业化、多样化的康养旅游产品和服务，如健康评估、健康指导、健康管理、健康教育、健康咨询等。

（3）康养旅游服务提供者应保障旅游者的合法权益，尊重旅游者的隐私权和知情权，妥善保管和使用旅游者的个人信息和健康数据，不得泄露或滥用。

（4）康养旅游服务提供者应建立完善的服务质量监督和评价体系，定期对服务质量进行检查和评价，并及时处理旅游者的投诉和建议，不断改进和提升服务水平。

（5）康养旅游服务提供者应建立健全的安全保障体系，制定并执行安全管理制度和应急预案，配备必要的安全设施和器材，及时消除安全隐患，防范和处置安全事故。

5.2.4 管理标准

（1）康养旅游管理主体应具备合法资质，按照国家相关规定和行业标准开展康养旅游管理活动，不得从事违法违规的行为。

（2）康养旅游管理主体应建立健全的组织机构和职责分工，配备专业的管理人员和服务人员，实行科学的人力资源管理和绩效考核制度。

（3）康养旅游管理主体应制订并执行康养旅游发展规划和年度工作计划，明确康养旅游的目标、策略、措施、预算等内容，定期对工作进展和成效进行监督和评估。

（4）康养旅游管理主体应加强与政府、社会组织、行业协会、专业机构等相关方的沟通和协调，积极争取政策支持和资源共享，形成合作共赢的康养旅游发展格局。

（5）康养旅游管理主体应加强与康养旅游服务提供者的沟通和指导，建立统一的康养旅游服务标准和质量监管体系，定期对服务提供者进行培训、考核、评价等工作。

（6）康养旅游管理主体应加强与康养旅游消费者的沟通和满意度调查，了解消费者的需求、意见、建议等信息，及时处理消费者的投诉和纠纷，不断提高消费者的满意度和忠诚度。

（7）康养旅游管理主体应加强康养旅游市场调研和分析，掌握康养旅游市场的动态、趋势、机遇、挑战等信息，及时调整康养旅游发展策略和措施，提高康养旅游市场竞争力（李美兰和苏蓉，2023）。

5.2.5 政策依据

康养旅游管理主体应加强康养旅游品牌建设和宣传推广，树立康养旅游的形象、特色、优势等信息，利用各种媒体和渠道进行有效的宣传推广活动，扩大康养旅游的知名度和影响力（崔雪娇，2023）。

1.《"十四五"旅游业发展规划》（以下简称《规划》）

《规划》是国务院印发的指导旅游业发展的重要文件，明确了"十四五"时期旅游业的发展目标、重点任务、保障措施等，提出了要发展康养旅游，推动国家康养旅游示范基地建设，促进养老和旅游融合发展等要求。

2.《"十四五"国家老龄事业发展和养老服务体系规划》（以下简称《规划》）

《规划》是国务院印发的指导老龄事业和养老服务发展的重要文件，明确了"十四五"时期老龄事业和养老服务的发展目标、重点任务、保障措施等，提出了要促进养老和旅游融合发展，引导各类旅游景区、度假区加强适老化建设和改造，建设康养旅游基地等要求。

3.《"健康中国2030"规划纲要》（以下简称《纲要》）

《规划》是国务院印发的指导健康事业和健康服务发展的重要文件，

明确了2030年健康中国的愿景目标、战略任务、保障措施等，提出了要积极促进健康与养老、旅游、互联网、健身休闲、食品融合，催生健康新产业、新业态、新模式，制定健康医疗旅游行业标准、规范，打造具有国际竞争力的健康医疗旅游目的地等要求。

4.《中华人民共和国旅游法》（以下简称《旅游法》）

《旅游法》是我国首部专门针对旅游活动和旅游市场管理制定的法律，明确了旅游者和旅游经营者的权利义务、旅游市场监管制度、旅游安全保障措施等，提出了要加强对旅游资源和环境的保护利用，鼓励开发适应不同人群需求的多样化旅游产品，推动文化和旅游融合发展等要求。

5.《中华人民共和国老年人权益保障法》（以下简称《老年人权益保障法》）

《老年人权益保障法》是我国专门针对老年人权益保障制定的法律，明确了老年人享有的基本权利、社会保障权利、文化教育权利、参与社会事务权利等，提出了要鼓励社会力量为老年人提供多样化服务，支持开展适合老年人参与的文化体育活动，推动形成尊老敬老爱老的社会风尚等要求。

5.3 文化康养产业标准

5.3.1 基础术语和定义

1. 文化康养产业

文化康养产业指以文化为内涵，以康养为目的，以旅游为载体，以服务为手段，为不同年龄、不同需求的人群提供文化体验、健康疗养、医疗美容、生态旅游、休闲度假、体育运动、健康产品等多元化产品和服务的产业。

2. 文化康养产品

文化康养产品指文化康养产业所提供的具有文化特色和康养功能的商品或服务，包括文化康养旅游产品、文化康养设施产品、文化康养项目产品和文化康养内容产品等。

3. 文化康养旅游产品

文化康养旅游产品指以文化体验和健康疗养为主要内容，以旅游活动为主要形式，结合当地的自然资源、人文资源和医疗资源，为游客提供的旅游产品，包括文化康养线路产品、文化康养主题产品和文化康养定制产品等。

4. 文化康养设施产品

文化康养设施产品指用于支撑和提升文化康养旅游产品的硬件设施和软件系统，包括文化康养场所设施、文化康养交通设施、文化康养信息设施和文化康养安全设施等。

5. 文化康养项目产品

文化康养项目产品指在文化康养场所内或周边开展的具有文化特色和康养功能的活动项目，包括文化展示项目、文化体验项目、文化教育项目、健身运动项目、休闲娱乐项目和医疗保健项目等。

6. 文化康养内容产品

文化康养内容产品指以数字媒体为载体，传播和展示文化康养产业的相关信息和知识的内容产品，包括文化康养网站、文化康养 App、文化康养视频、文化康养音频、文化康养图书和文化康养杂志等。

7. 文化康养服务

文化康养服务指在提供文化康养产品的过程中，为满足消费者的个性化需求和提高消费者的满意度而提供的各种辅助性服务，包括咨询服务、预订服务、接待服务、导游服务、翻译服务和医疗服务等。

8. 文化康养消费者

文化康养消费者指通过购买或使用文化康养产品和服务，实现自身或他人的身心健康和幸福感的个人或团体。

9. 文化康养产业

文化康养产业指从事生产或经营文化康养产品和服务的法人或其他组织，包括旅行社、景区管理公司、酒店管理公司、医疗机构和健身机构等。

10. 文化康养基地

文化康养基地指具备一定规模和条件，能够提供完整和优质的文化康养产品和服务的区域或场所，包括国家级文化生态保护、国家级森林公园和国家级温泉旅游度假区等。

5.3.2 产品标准

（1）文化康养旅游产品应符合《旅游产品质量等级划分》《旅游产品质量管理规范》等相关标准，具有明确的主题、内容、形式和目标，满足消费者的文化体验和健康疗养需求，体现当地的文化特色和资源优势，注重生态保护和可持续发展。

（2）文化康养设施产品应符合《旅游景区基本设施与服务设施规范》

《旅游景区安全管理规范》等相关标准，具有良好的功能性、安全性、舒适性和美观性，满足消费者的基本需求和偏好，体现文化康养的理念和特色，注重节能环保和智能化。

（3）文化康养项目产品应符合《旅游项目质量等级划分》等相关标准，具有明确的目的、内容、形式和时长，满足消费者的文化体验和健康疗养需求，体现当地的文化特色和资源优势，注重互动性和趣味性。

（4）文化康养内容产品应符合《数字出版物质量管理规范》等相关标准，具有明确的主题、内容、形式和载体，满足消费者的文化体验和健康疗养需求，体现当地的文化特色和资源优势，注重创新性和传播性。

（5）文化康养旅游产品应根据不同的主题、内容、形式和目标，划分为不同的类型，如文化展示型、文化体验型、文化教育型、健身运动型、休闲娱乐型、医疗保健型等，并根据不同类型制定相应的产品标准。

（6）文化康养设施产品应根据不同的功能、安全、舒适和美观要求，划分为不同的等级，如一星级、二星级、三星级、四星级、五星级等，并根据不同等级制定相应的产品标准。

（7）文化康养项目产品应根据不同的目的、内容、形式和时长，划分为不同的类别，如观赏类、参与类、学习类、锻炼类、放松类、治疗类等，并根据不同类别制定相应的产品标准。

（8）文化康养内容产品应根据不同的主题、内容、形式和载体，划分为不同的种类，如网站类、App类、视频类、音频类、图书类、杂志类等，并根据不同种类制定相应的产品标准。

5.3.3 服务标准

（1）文化康养服务应符合《旅游服务质量基本要求》等相关标准，具有专业性、规范性、人性化和个性化等特点，满足消费者的基本需求和偏好，提高消费者的满意度和忠诚度，增强文化康养产业的竞争力和影响力。

(2) 文化康养服务应根据不同的服务对象、服务内容、服务方式和服务效果，划分为不同的类型，如咨询服务、预订服务、接待服务、导游服务、翻译服务、医疗服务等，并根据不同类型制定相应的服务标准。

(3) 文化康养服务应建立完善的服务质量监督和评价体系，定期对服务质量进行检查和评价，并及时处理消费者的投诉和建议，不断改进和提升服务水平。

(4) 文化康养服务应建立健全的安全保障体系，制定并执行安全管理制度和应急预案，配备必要的安全设施和器材，及时消除安全隐患，防范和处置安全事故。

(5) 文化康养服务应加强与政府、社会组织、行业协会、专业机构等相关方的沟通和协调，积极争取政策支持和资源共享，形成合作共赢的文化康养服务发展格局。

(6) 文化康养服务应加强与文化康养企业或基地的沟通和对接，建立统一的文化康养产品和服务标准和质量监管体系，定期对企业或基地进行培训、考核、评价等工作。

(7) 文化康养服务应加强与文化康养消费者的沟通和满意度调查，了解消费者的需求、意见、建议等信息，及时处理消费者的投诉和纠纷，不断提高消费者的满意度和忠诚度。

(8) 文化康养服务应加强文化康养市场调研和分析，掌握文化康养市场的动态、趋势、机遇、挑战等信息，及时调整文化康养服务发展策略和措施，提高文化康养服务市场竞争力。

(9) 文化康养服务应加强文化康养品牌建设和宣传推广，树立文化康养的形象、特色、优势等信息，利用各种媒体和渠道进行有效的宣传推广活动，扩大文化康养的知名度和影响力。

5.3.4 管理标准

(1) 文化康养管理应建立健全组织架构和运行机制，明确各级各部门的职责分工和协作关系，形成有效的管理体系。

（2）文化康养管理应建立完善的政策支持和激励机制，加大财政投入、税费优惠、金融支持等方面的政策力度，鼓励社会资本参与文化康养产业发展。

（3）文化康养管理应建立健全的人才培养和保障机制，加强文化康养相关专业的教育培训，提高文化康养从业人员的专业素质和技能水平，完善从业人员的待遇保障和职业发展制度。

（4）文化康养管理应建立健全的风险防控和应急处置机制，加强对文化康养产品和服务的安全监管，制定应对突发事件和紧急情况的预案和措施，及时有效地处理各类风险和危机。

（5）文化康养管理应建立健全的市场监测和分析机制，掌握文化康养市场的动态、趋势、机遇、挑战等信息，及时调整文化康养发展策略和措施，提高文化康养市场竞争力和适应力。

（6）文化康养管理应建立健全的品牌建设和宣传推广机制，树立文化康养的形象、特色、优势等信息，利用各种媒体和渠道进行有效的宣传推广活动，扩大文化康养的知名度和影响力。

（7）文化康养管理应建立健全的合作交流和学习借鉴机制，加强与国内外同行业或相关领域的合作交流，学习借鉴先进经验和做法，促进文化康养产业的创新发展。

（8）文化康养管理应建立健全的社会监督和评价机制，加强对文化康养产业的社会监督和评价，听取老年人、社会组织、专家学者等各方面的意见和建议，不断改进和完善文化康养产业的发展水平。

（9）文化康养管理应建立健全的法律法规和行业规范机制，加强对文化康养产业相关法律法规和行业规范的制定、修订、宣传、执行等工作，规范文化康养产业的发展秩序。

（10）文化康养管理应建立健全的效果评估和反馈机制，定期对文化康养产业的发展效果进行评估和反馈，分析文化康养产业对老年人个体层面和社会层面产生的影响或价值，总结文化康养产业的经验与问题。

5.3.5 政策依据

1.《国务院关于印发"十四五"国家老龄事业发展和养老服务体系规划的通知》（以下简称《通知》）

《通知》提出了"十四五"时期老龄事业发展和养老服务体系建设的总体要求、基本原则、发展目标、重点任务和保障措施等，涉及康养产业的培育和发展、康养服务体系的完善和创新、康养服务人员的培训和激励等方面。

2.《文化部　国家旅游局关于促进文化旅游融合发展的指导意见》（以下简称《指导意见》）

《指导意见》提出了促进文化旅游融合发展的总体要求、主要任务、组织实施和保障措施，涉及文化旅游产品和服务的创新和完善、文化旅游市场的规范和发展、文化旅游监管的协调和强化等方面。

3.《国家卫生健康委员会关于做好健康旅游工作的指导意见》（以下简称《指导意见》）

《指导意见》提出了做好健康旅游工作的总体要求、主要任务、组织实施和保障措施，涉及健康旅游产品和服务的创新和完善、健康旅游市场的规范和发展、健康旅游监管的协调和强化等方面。

5.4　康养金融业标准

5.4.1　基础术语和定义

（1）康养金融产业：指以康养服务为核心，以金融手段为支撑，为康养消费者提供多元化、个性化、全方位的康养金融产品和服务的产业。

（2）康养服务：指以满足人们健康、养生、养老等需求为目的，为社会公众提供各种康养及相关产品（货物和服务）的生产活动集合。

（3）康养金融产品：指以康养服务为基础或目的，通过金融机构或平台发行或提供的具有金融属性的产品，包括康养保险、康养基金、康养信托、康养债券、康养理财等。

（4）康养金融服务：指以康养服务为基础或目的，通过金融机构或平台提供的具有金融属性的服务，包括康养贷款、康养租赁、康养众筹、康养支付、康养咨询等。

（5）康养消费者：指通过购买或使用康养金融产品和服务来满足自身或他人健康、养生、养老等需求的个人或组织。

（6）康养投资者：指通过投资或持有康养金融产品和服务来获取收益或价值增长的个人或组织。

（7）康养经营者：指从事康养服务生产或提供的个人或组织，包括医疗机构、社区机构、居家机构、旅游机构、文化机构等。

（8）康养金融机构：指从事康养金融产品和服务发行或提供的个人或组织，包括银行、保险公司、基金公司、信托公司、证券公司等。

（9）康养金融平台：指利用互联网技术和大数据分析等手段，为康养消费者、投资者、经营者和金融机构提供信息交流、资源对接、交易撮合等功能的网络平台。

（10）康养金融监管：指由政府部门或行业协会等对康养金融产业进行规范和管理的活动，包括制定政策法规、监督执行情况、处理违规行为等。

5.4.2 产品标准

（1）康养保险：指以保险合同为依据，由保险公司向投保人收取保险费，在被保险人发生约定的健康风险时给付保险金或提供相应的医疗服务的一种保障型产品。主要包括医疗保险、长期护理保险、意外伤害保险等。

（2）康养基金：指以基金合同为依据，由基金管理人向投资者募集资金，在符合法律法规和基金合同约定的范围内投资于与康养相关的资产，为投资者获取收益的一种投资型产品。主要包括股票型基金、债券型基金、混合型基金等。

（3）康养信托：指以信托合同为依据，由信托人将财产委托给信托公司，信托公司按照信托合同的约定，以受托人的身份管理或处分该财产，并将收益归属于受益人的一种委托型产品。主要包括房地产信托、资产证券化信托、收益权转让信托等。

（4）康养债券：指以债券合同为依据，由康养经营者或金融机构向投资者发行的一种债务性证券，债券发行人按照债券合同的约定，向债券持有人支付利息和本金的一种借贷型产品。主要包括企业债券、金融债券、政府债券等。

（5）康养理财：指以理财合同为依据，由银行或其他金融机构向投资者提供的一种理财服务，理财机构按照理财合同的约定，将投资者的资金进行集中管理，并根据不同的风险收益特征，将资金投向与康养相关的项目或资产，为投资者获取收益的一种理财型产品。主要包括保本型理财、非保本型理财等。

（6）康养贷款：指以贷款合同为依据，由银行或其他金融机构向康养消费者或经营者提供的一种信用服务，贷款机构按照贷款合同的约定，向借款人提供一定数额的资金，并收取利息和手续费的一种消费型或经营型产品。主要包括个人消费贷款、企业经营贷款等。

（7）康养租赁：指以租赁合同为依据，由租赁公司或其他机构向康养消费者或经营者提供的一种租赁服务，租赁方按照租赁合同的约定，将康养相关的设备、设施、房屋等出租给承租方，并收取租金和押金的一种使用型产品。主要包括设备租赁、房屋租赁等。

（8）康养众筹：指以众筹平台为依据，由康养经营者或其他机构向众筹参与者提供的一种募集服务，众筹方按照众筹平台的规则和约定，向众筹参与者展示康养相关的项目或产品，并通过网络平台募集资金或物品，并根据不同的众筹模式，向众筹参与者提供相应的回报或权益的一种募集型产品。主要包括慈善捐赠型众筹、回报型众筹、股权型众筹等。

5.4.3 服务标准

（1）康养服务应遵循安全、有效、规范、适宜、满意等原则，保障康养消费者的健康权益和知情选择权。

（2）康养服务应根据不同类型和层次的需求，提供个性化、专业化、多样化的康养产品和服务，如健康评估、健康指导、健康管理、健康教育、健康咨询等。

（3）康养服务应建立完善的服务质量监督和评价体系，定期对服务质量进行检查和评价，并及时处理消费者的投诉和建议，不断改进和提升服务水平。

（4）康养服务应实现信息化建设和智能化升级，利用互联网、物联网、大数据等技术手段，提高服务效率和便捷性，增强服务安全性和互动性。

（5）康养服务应加强与政府、社会组织、行业协会、专业机构等相关方的沟通和协调，积极争取政策支持和资源共享，形成合作共赢的康养服务发展格局。

（6）康养服务应加强与康养金融机构或平台的沟通和对接，建立统一的康养金融服务标准和质量监管体系，定期对金融机构或平台进行培训、考核、评价等工作。

（7）康养服务应加强与康养消费者的沟通和满意度调查，了解消费者的需求、意见、建议等信息，及时处理消费者的投诉和纠纷，不断提高消费者的满意度和忠诚度。

（8）康养服务应加强康养市场调研和分析，掌握康养市场的动态、趋势、机遇、挑战等信息，及时调整康养服务发展策略和措施，提高康养服务市场竞争力。

（9）康养服务应加强康养品牌建设和宣传推广，树立康养的形象、特色、优势等信息，利用各种媒体和渠道进行有效的宣传推广活动，扩大康养的知名度和影响力。

5.4.4 管理标准

（1）康养金融管理应建立健全组织架构和运行机制，明确各级各部门的职责分工和协作关系，形成有效的管理体系。

（2）康养金融管理应建立健全的人才培养和保障机制，加强康养金融相关专业的教育培训，提高康养金融从业人员的专业素质和技能水平，完善从业人员的待遇保障和职业发展制度。

（3）康养金融管理应建立健全的风险防控和应急处置机制，加强对康养金融产品和服务的安全监管，制定应对突发事件和紧急情况的预案和措施，及时有效地处理各类风险和危机。

（4）康养金融管理应建立健全的市场监测和分析机制，掌握康养金融市场的动态、趋势、机遇、挑战等信息，及时调整康养金融发展策略和措施，提高康养金融市场竞争力和适应力。

（5）康养金融管理应建立健全的品牌建设和宣传推广机制，树立康养金融的形象、特色、优势等信息，利用各种媒体和渠道进行有效的宣传推广活动，扩大康养金融的知名度和影响力。

（6）康养金融管理应建立健全的合作交流和学习借鉴机制，加强与国内外同行业或相关领域的合作交流，学习借鉴先进经验和做法，促进康养金融产业的创新发展。

（7）康养金融管理应建立健全的社会监督和评价机制，加强对康养金融产业的社会监督和评价，听取老年人、社会组织、专家学者等各方面的意见和建议，不断改进和完善康养金融产业的发展水平。

（8）康养金融管理应建立健全的法律法规和行业规范机制，加强对康养金融产业相关法律法规和行业规范的制定、修订、宣传、执行等工作，规范康养金融产业的发展秩序。

（9）康养金融管理应建立健全的效果评估和反馈机制，定期对康养金融产业的发展效果进行评估和反馈，分析康养金融产业对老年人个体层面和社会层面产生的影响或价值，总结康养金融产业的经验与问题。

5.4.5 政策依据

1.《国务院办公厅关于促进养老金融发展的指导意见》（以下简称《指导意见》)

《指导意见》提出了促进养老金融发展的总体要求、主要任务、组织实施和保障措施，涉及养老金融产品和服务的创新和完善、养老金融市场的规范和发展、养老金融监管的协调和强化等方面。

2.《人力资源社会保障部办公厅关于做好国家级（康养）高技能人才培训基地建设有关工作的通知》（以下简称《通知》)

《通知》提出了国家级（康养）高技能人才培训基地建设的总体要求、主要任务、组织实施和保障措施，涉及康养服务人员培训需求分析、课程设置、师资队伍、培训规模等方面。

5.5 康养产业国家标准体系明细

通过标准化规范整理的康养产业国家标准体系明细表 5-1，以供参考。

表 5-1　康养产业国家标准体系明细

序号	分体系	子体系	标准体系编号	标准名称	标准层级	标准性质	标准状态	备注
1	JC100 基础通用标准	JC101 术语标准	JC101.1	中医基础理论术语	国家标准	推荐性	已发布	GB/T 20348—2006
2			JC101.2	康复辅助器具 分类和术语	国家标准	推荐性	已发布	GB/T 16432—2016
3			JC101.3	健康信息学 护理参考术语模型集成	国家标准	推荐性	已发布	GB/T 25515—2010 等同采用 ISO 18104：2003
4			JC101.4	健康信息学 健康指标概念框架	国家标准	推荐性	已发布	GB/T 24465—2009
5			JC101.5	康养产业基础术语	国家标准	推荐性	待制定	
6				……				
7		JC102 分类与编码标准	JC102.1	个人基本信息分类与代码 第 3 部分：健康状况分类代码	国家标准	推荐性	已发布	GB/T 2261.3—2003
8			JC102.2	康养产品分类与编码指南	国家标准	推荐性	待制定	
9			JC102.3	康养服务分类与编码指南	国家标准	推荐性	待制定	
10			JC102.4	康养设施分类指南	国家标准	推荐性	待制定	
11				……				
12		JC103 符号与标志标准	JC103.1	标志用公共信息图形符号 第 1 部分：通用符号	国家标准	推荐性	已发布	GB/T 10001.1—2006
13			JC103.2	应急导向系统设置原则与要求	国家标准	推荐性	已发布	GB/T 10001.1—2006
14			JC103.3	康养产业图形符号设计指南	国家标准	推荐性	待制定	
15				……				

第5章 康养产业标准化发展介绍

续表

序号	分体系	子体系	标准体系编号	标准名称	标准层级	标准性质	标准状态	备注
16	GJ200 康养产业供给标准	GJ201 康养产品标准	GJ201.1	康养农产品质基本指标与检测方法	国家标准	推荐性	待制定	
17			GJ201.2	钒钛工业产品性能性基本指标与检测方法	国家标准	推荐性	待制定	
18				……				
19		GJ202 康养服务标准	GJ202.1	保健服务通用要求	国家标准	推荐性	已发布	GB/T 30443—2013
20			GJ202.2	家禽健康养殖规范	国家标准	推荐性	已发布	GB/T 32148—2015
21			GJ202.3	康养体检关键指标设置指南	国家标准	推荐性	待制定	
22			GJ202.4	中医康复服务指南	国家标准	推荐性	待制定	
23			GJ202.5	运动康复行为指南	国家标准	推荐性	待制定	
24			GJ202.6	康养式民居旅馆服务质量等级划分基本要求	国家标准	推荐性	待制定	
25			GJ202.7	候鸟型养老服务规范	国家标准	推荐性	待制定	
26			GJ202.8	疗养型养老服务规范	国家标准	推荐性	待制定	
27			GJ202.9	山地户外运动服务指南	国家标准	推荐性	待制定	
28			GJ202.10	工业旅游服务规范	国家标准	推荐性	待制定	
29			GJ202.11	康养温泉旅游度假区服务质量要求	国家标准	推荐性	待制定	
30			GJ202.12	汽车自驾游服务规范	国家标准	推荐性	待制定	

续表

序号	分体系	子体系	标准体系编号	标准名称	标准层级	标准性质	标准状态	备注
31	GJ200 康养产业供给标准	GJ202 康养服务标准	GJ202.13	医养结合康养服务规范	国家标准	推荐性	待制定	
32			GJ202.14	社区康养居家服务评价指南	国家标准	推荐性	待制定	
33				……				
34		GJ203 康养设施标准	GJ203.1	康复训练器械 安全通用要求	国家标准	推荐性	已发布	GB 24436—2009
35			GJ203.2	康养教学与研究机构功能及设施配置基本要求	国家标准	推荐性	待制定	
36			GJ203.3	运动康养特色小镇建设基本要求	国家标准	推荐性	待制定	
37			GJ203.4	农业康养特色小镇建设基本要求	国家标准	推荐性	待制定	
38				……				
39			GJ203.7	康养社区建设基本要求	国家标准	推荐性	待制定	
40			GJ203.8	康养特产店建设基本要求	国家标准	推荐性	待制定	
41				……				
42		GJ204 康养环境标准	GJ204.1	阳光康养型城市环境及公共服务可持续发展评价指南	国家标准	推荐性	待制定	
43				……				

续表

序号	分体系	子体系	标准体系编号	标准名称	标准层级	标准性质	标准状态	备注
44	ZC 300 康养产业支撑标准	ZC301 康养信息化标准	ZC301.1	健康信息学 电子健康记录体系架构需求	国家标准	推荐性	已发布	GB/T 24466—2009
45			ZC301.2	健康信息学 推动个人健康信息跨国流动的数据保护指南	国家标准	推荐性	已发布	GB/T 25512—2010
46			ZC301.3	康养产业信息服务平台数据接口规范	国家标准	推荐性	待制定	
47			ZC301.4	康养产业电子商务服务平台建设指南	国家标准	推荐性	待制定	
48				……	……			
49		ZC302 康养人才标准	ZC302.1	康养骨干人才评价规范	国家标准	推荐性	待制定	
50			ZC302.2	康养人才培训指南	国家标准	推荐性	待制定	
51				……	……			
52		ZC303 康养金融标准	ZC303.1	康养创新创业小微企业金融服务指南	国家标准	推荐性	待制定	
53			ZC303.2	康养企业标准融资增信服务指南	国家标准	推荐性	待制定	
54				……	……			

资料来源：参考标准化规范整理的康养产业标准化体系。

第 6 章　康养服务标准介绍

6.1　养老机构服务安全基本规范

6.1.1　范围

本标准规定了养老机构服务安全的基本要求、安全风险评估、服务防护、管理要求。本标准适用于养老机构的服务安全管理。参见《养老机构服务安全基本规范》（GB 38600—2019）。

6.1.2　规范性引用文件

下列文件对于《养老机构服务安全基本规范》的应用是必不可少的。凡是注日期的引用文件，仅注日期的版本适用于《养老机构服务安全基本规范》。凡是不注日期的引用文件，其最新版本（包括所有的修改单）适用于《养老机构服务安全基本规范》。

（1）GB 2893 安全色。

（2）GB 2894 安全标志及其使用导则。

6.1.3　基础术语和定义

（1）相关第三方：老年人配偶、监护人以及为老年人提供资金担保或委托代理的个人或组织。

（2）床单元：养老机构老年人床位所包含的设备和物品。

6.1.4　基本要求

（1）养老机构应符合消防、卫生与健康、环境保护、食品药品、建筑、设施设备标准中的强制性规定及要求。

（2）使用安全标志应按照 GB 2839、GB 2894 的要求。

（3）养老护理员应经培训合格后上岗。

（4）应制定昼夜巡查、交接班制度，并对检查、服务开展情况进行记录。

（5）应制定老年人个人信息和监控内容保密制度。

（6）应防止在养老机构内兜售保健食品、药品。

（7）污染织物应单独清洗、消毒、处置。

（8）老年人生活、活动区域应禁止吸烟。

6.1.5　安全风险评估

（1）老年人入住养老机构前应结合老年人日常生活活动、精神状态、感知觉与沟通、社会参与进行服务安全风险评估。

（2）服务安全风险评估应包括噎食、食品药品误食、压疮、烫伤、坠床、跌倒、他伤和自伤、走失、文娱活动意外方面的风险。

（3）每年应至少进行 1 次阶段性评估，并保存评估记录。

（4）评估结果应告知相关第三方。

（5）应根据评估结果划分风险等级。

6.1.6　服务防护

包括防噎食、防食品药品误食、防压疮、防烫伤、防坠床、防跌倒、防他伤和自伤、防走失、防文娱活动意外内容。

6.1.7 管理要求

1. 应急预案

应制定噎食、压疮、坠床、烫伤、跌倒、走失、他伤和自伤、食品药品误食、文娱活动意外突发事件应急预案，并每年至少演练1次。应制定突发事件报告程序。

2. 评价与改进

应每半年至少对本标准涉及的服务安全风险防范工作评价1次。服务及评价中发现安全隐患应整改、排除。

3. 安全教育

（1）应制订安全教育年度计划。
（2）养老机构从业人员上岗、转岗前应接受安全教育。
（3）养老机构从业人员每半年应至少接受1次岗位安全、职业安全教育，考核合格率不低于80%。
（4）相关第三方、志愿者和从事维修、保养、装修等短期工作人员应接受养老机构用电、禁烟、火种使用、门禁使用、尖锐物品管理安全教育。
（5）应对老年人开展安全宣传教育。

6.2 康养旅游服务规范

6.2.1 范围

本标准规定了康养旅游服务总则、服务类型、服务提供、服务人员、服务管理等。适用于康养小镇、旅游养生综合体、生态养生园、休闲养生文化园（村）、康养度假中心（村）、健康主题酒店、温泉康体中心等各类康养旅游服务场所。参见《康养旅游服务规范》（DB 33/T 2286—2020）。

6.2.2 规范性引用文件

下列文件中的内容通过文中的规范性引用而构成《康养旅游服务规范》必不可少的条款。其中，注日期的引用文件，仅该日期对应的版本适用于《康养旅游服务规范》；不注日期的引用文件，其最新版本（包括所有的修改单）适用于《康养旅游服务规范》。

（1）《公共信息图形符号　第1部分：通用符号》（GB/T 10001.1—2023）。

（2）《公共信息图形符号　第2部分：旅游休闲符号》（GB/T 10001.2—2021）。

（3）《公共信息图形符号　第4部分：运动健身符号》（GB/T 10001.4—2021）。

（4）《公共信息图形符号　第5部分：购物符号》（GB/T 10001.5—2021）。

（5）《公共信息图形符号　第9部分：无障碍设施符号》（GB/T 10001.9—2021）。

（6）《食品安全国家标准　食品生产通用卫生规范》（GB 14881—2013）。

（7）《食品安全国家标准　消毒餐（饮）具》（GB 14934—2016）。

（8）《游乐园（场）服务质量》（GB/T 16767—2010）。

（9）《旅游厕所质量等级的划分与评定》（GB/T 18973—2022）。

（10）《旅游娱乐场所基础设施管理及服务规范》（GB/T 26353—2010）。

（11）《旅游景区公共信息导向系统设置规范》（GB/T 31384—2015）。

（12）《温泉服务基本规范》（GB/T 35555—2017）。

（13）《公共场所卫生管理规范》（GB 37487—2019）。

（14）《公共场所设计卫生管理规范（GB/T 37489—2019）。

（15）《餐饮分餐制服务指南》（GB/T 39002—2020）。

（16）《无障碍设计规范》（GB 50763—2021）。

（17）《绿色旅游饭店》（LB/T 007—2015）。

（18）《绿道旅游设施与服务规范》（LB/T 035—2014）。

（19）《美容服务　面部护理操作技术要求》（SB/T 10992—2013）。

6.2.3　基础术语和定义

1. 康养旅游

依托良好的自然生态环境和人文历史康养资源，通过关爱环境、观光游憩、康体运动、文化体验、修心养性、健康管理、康复理疗等各种方式，使游客在身体、心智和精神上都达到自然和谐的优良状态的各种旅游活动的总和。

2. 康养旅游服务

康养企业和专业机构依托一定的旅游环境和空间场所，凭借相关的服务人员或服务设施设备，向游客提供生态康养、康体运动、文化康养、健康理疗等类型的服务项目，满足其在减压放松、保持身心健康、怡情养性等方面需求的过程和结果。

6.2.4　总则

（1）康养企业或专业机构提供康养旅游服务，应取得相应的机构资质证书，提供机构许可服务范围的服务。

（2）应有主题明确、特色鲜明的康养旅游服务类型。应提供接待服务，可提供住宿、餐饮、游憩娱购和特色服务等。

（3）应有与康养旅游服务类型配套的服务区域和服务设施设备。建筑风格与内外环境营造应体现康养特色。服务环境、设施的整体布局应合理、美观，服务动线应清晰顺畅。设施设备应维护保养安全、整洁、卫生、有效。对外交通便捷，可进入性强。

（4）各类服务区域应有专人引导、值管，提供必要的协助和照顾服务。

（5）公共信息图形符号和导向系统应明确清晰，符号和导向系统应符合《公共信息图形符号　通用符号》（GB/T 10001.1—2023）、《公共信息图形符号　第2部分：旅游休闲符号》（GB/T 10001.2—2021）、《公共信息图形符号　第4部分：运动健身符号》（GB/T 10001.4—2021）、《公共信息图形符号　第5部分：购物符号》（GB/T 10001.5—2021）和《旅游景区公共信息导向系统设置规范》（GB/T 31384—2015）的规定。主要建筑物和服务设施等信息导览图设置应合理规范。

（6）主要公共区域应设无障碍设施，无障碍设施应符合《无障碍设计规范》（GB 50763—2021）的规定，符号应符合《公共信息图形符号　第9部分：无障碍设施符号》（GB/T 10001.9—2021）的规定。

（7）场所内部和周边环境的卫生要求应符合《公共场所卫生管理规范》（GB 37487—2019）和《公共场所设计卫生规范》（GB/T 37489—2019）的规定。

（8）应借助大数据、人工智能等先进信息技术提供智慧化服务。

6.2.5　服务类型

应结合资源特色和市场需求，开发和提供生态康养类、康体运动类、文化康养类和健康理疗类等类型的康养旅游服务项目。

（1）生态康养类：可依托田园、山地、森林、温泉、海滨海岛、河流湖泊等生态环境和自然康养旅游资源，开发和提供田园康养、海滨海岛康养、河流湖泊康养、山地康养、森林康养和温泉康养类等服务项目。

（2）康体运动类：可依托各种休闲、探险性、民族传统运动资源，开发和提供休闲性运动康养、探险性运动康养、民族传统型运动康养和疗愈型运动康养等服务项目。

（3）文化康养类：可依托中医药、国学、民俗、艺术等康养文化资源，开发和提供中医药文化康养、国学和民俗文化康养、艺术文化康养类等服务项目。

（4）健康理疗类：可依托适宜的气候资源、康复和理疗技术资源，开发和提供健康监测、康复理疗、养生保健、美容美体类等服务项目。

6.2.6 服务提供

服务提供从接待服务、住宿服务、餐饮服务、游憩娱购服务、特色服务五个方面进行了规定。

1. 接待服务

（1）应设有专用停车场，停车位能满足游客需求，可配备充电桩，进行专业化管理。

（2）应设接待服务中心，提供预订、接待、咨询、结账、物品寄存等服务。应设免费休息区域。可配备轮椅、氧气袋、急救箱、急救担架和日常药品等物品。

（3）应用文字和图形符号公布服务项目，标明营业时间、收费标准和注意事项。应设信息资料展示台或多媒体电子触摸屏，提供服务信息。

（4）公共区域和服务核心区域应全覆盖4G以上移动信号和无线网，可设有广播通信系统，提供背景音乐、公共广播等服务。

（5）应设有官方网站或开通微博、微信公众号等自媒体平台，提供在线查询、预订、支付等服务。

（6）应配有公共卫生间，公共卫生间的设置应符合《旅游厕所质量要求与评定》（GB/T 18973—2022）的基本要求，宜配备第三卫生间。

2. 住宿服务

（1）客房应有舒适的床垫，配有桌子、衣橱及衣架、茶几、座椅或沙发、床头柜、行李架等家具，布置合理、安全。客房应具备良好的照明、采光、通风和隔音条件。所有照明、电器开关方便游客使用。

（2）床上用棉织品（床单、枕芯、枕套、被芯、被套及床衬垫等）及卫生间针织用品（浴巾、毛巾等）材质较好、柔软舒适。客房用品使用应符合《绿色旅游饭店》（LB/T 007—2015）的相关要求。

（3）客房内应根据需求配备康养服务设施和用品，如空气净化设备、助眠床具和健康生活用品等。所有设施设备均方便游客使用。可设置一定比例的特色康养客房，设施设备和服务能满足老年人等特殊人群需求。

（4）客房内应有装修良好的卫生间。有抽水马桶、梳妆台（配备面盆、梳妆镜和必要的盥洗用品）、有浴缸或淋浴间，配有浴帘或其他防溅设施。采取有效的防滑措施。针对老年客群的客房，卫浴空间内应采用无高差设计，有无障碍设计，有应急呼叫按钮和应急电话等。

（5）应提供客房、卫生间整理服务。可为客人提供有特色的养生房膳、欢迎茶点、安睡饮品、健康监测等服务。可提供私人管家服务。

3. 餐饮服务

（1）餐厅应布局合理，采光、通风良好。

（2）应提供科学康养食疗菜单和营养菜单。应选用绿色生态食材，供应链可追溯。应设置食品留样机制。

（3）应配备专业资质的营养师，提供膳食指导服务和特色康养食疗服务等。

（4）应提供分餐制服务，符合《餐饮分餐制服务指南》（GB/T 39002—2020）的规定。能提供对饮食有特殊要求或禁忌的个性化餐饮服务。

（5）宜设立康养主题餐厅。可提供康养饮食文化体验服务，体验食材选择、营养搭配、器皿呈现、菜单设计、环境营造、服务出品的全过程。

4. 游憩娱购服务

（1）应设置公共休憩场所，提供入座、品饮、交流、遮蔽等服务。

（2）应设置游憩空间，如疗愈花园、观景长廊等，提供赏景、导游导览等服务。

（3）应设置文化娱乐场所，提供棋牌、观影、阅读、球类运动、文化演艺等服务。

（4）应设置合理的游憩路线，可建设康体游步道（栈道）等慢行系统，可配备电瓶车等生态化的交通方式，提供服务区内交通服务。

（5）应配套休闲商业设施，提供绿色农副产品、健康食品、康养用品、康养文创衍生品等商品展示与售卖服务。

5. 特色服务

（1）可提供"生态＋文化康养""生态＋运动康养""运动＋理疗康养""美容＋温泉康养"等组合式康养旅游套餐服务。

（2）可提供定制化的康养旅游线路或康养旅游活动策划服务。可提供专为老年人等特殊群体设计的康养旅游线路或康养旅游活动策划服务。

（3）可利用5G等新技术，拓展AI、VR"数字＋线上体验"、健康旅游云学堂、手游直播等提供消费和服务新场景。

在生态康养类、康体运动类、文化康养类、健康理疗类特色服务中分别包括了以下内容。

生态康养类特色服务包括：可提供康养农作农事农活体验指导服务；可提供海洋、湖泊、河流、森林自然感知、文化科普和生物探索等服务；可提供养生旅居度假照护服务；可提供园艺学习、绿色生态食材采摘、营养膳食、美食制作指导等服务。可提供乡村田园、海滨海岛、河泊湖流、山地、森林、温泉等康养研学旅游课程、疗休养课程教育服务。可设立自驾车康养旅游俱乐部，提供自驾车康养旅游组织服务。可提供海水和沙滩理疗、森林浴、森林运动疗愈、温泉水疗、温泉运动疗愈等指导服务。涉及温泉服务的应符合《温泉服务基本规范》（GB/T 35555—2017）的要求。

康体运动类特色服务包括：可提供康体运动服务项目开展的现场指导、技能培训等服务。可提供康体运动和健康体育赛事的策划、组织服务。可配备康体运动指导师，提供一对一康体运动指导、营养膳食私人定制、科学运动保健信息传达等服务。涉及游乐、娱乐服务的应符合《游乐园（场）服务质量》（GB/T 16767—2010）、《旅游娱乐场所基础设施管理及服务规范》（GB/T 26353—2010）的要求。涉及绿道旅游服务应符合《绿道旅游设施与服务规范》（LB/T 035—2014）的规定。

文化康养类特色服务包括：可提供中医药材参观、药材采摘、药材识别、药膳茶饮制作、中医药文化体验、中医药文创衍生品制作、中医药名著品读等讲解指导服务。可提供国学修养、民俗文化体验、健康生活方式养成等指导服务。可提供艺术文化康养服务项目的鉴赏、体验指导服务。可拓展各种类型的文化展示平台，如博物馆/展示馆、文化生产过程体验中心、参与式课堂、文创中心等，提供康养文化展示、交流服务和开展特色文化康养主题活动、节庆活动等服务。可打造社群服务平台，提供社群交流、活动组织等线上线下服务。可开展中医药康养文化、中医理疗技能、国学和民俗、艺术康养文化课程培训、宣教、讲座等服务。

健康理疗类特色服务包括：可提供私人健康档案登记与存储、健康监测、饮食与运动习惯养成指导等健康管理服务。可配健康助理，提供营养膳食私人定制、康养保健信息传达、心理咨询一对一指导等服务。可配有健康一体机、血压计、血糖仪、体重秤等常规性身体自检设备，可配有智能监测健康步道、健康心率柱、随身定位、紧急呼叫卡/手环等，为游客提供健康自检服务。可提供名医远程问诊、健康咨询、就医绿色通道等服务。可与国内外资质检测机构合作提供基因检测、抗衰老测定等体验服务。可提供健康保健、康复理疗、美容美体等知识、技能讲座、培训服务。涉及健康体检服务的要求见《健康体检管理暂行规定》。涉及康复理疗服务的要求见《常用康复治疗技术操作规范（2012年版）》要求。涉及美容美体服务的要求见《医疗美容服务管理办法》，面部护理操作应符合《美容服务　面部护理操作技术要求》（SB/T 10992—2013）的规定。

6.2.7　服务人员

1. 基本要求

（1）应遵纪守法、信守职业道德、坚守岗位，尊老爱幼，富有爱心，热情友好，礼貌待客。

（2）应着装整洁、大方得体、语言文明，提供微笑服务和诚信服务。

（3）服务态度应细致耐心，能提供全面周到的咨询、引导、提醒和帮助服务。

（4）应掌握基本的岗位服务技能，举止行为符合岗位规范要求。

2. 专业要求

（1）应具备旅游心理、健康养生、医疗急救、心理疏导、消防安全等方面的专业知识和技能。

（2）服务过程中应善于观察，及时了解游客康养旅游服务需求。

（3）特殊岗位应持相关职业资格证上岗，满足相关从业资质等要求。

（4）应定期参加专业知识、服务意识、服务技能和安全管理等方面培训，应通过考核达到培训目标。

6.2.8 服务管理

1. 安全管理

（1）应有健全的安全管理制度和操作规程。应有专门的管理机构和职责明确的安全责任人。

（2）提供住宿服务的，应证照齐全。安装旅游业治安管理信息系统，落实人员住宿登记制度。提供餐饮服务的，应注重食品加工流程的卫生管理，保证食品安全，符合《食品安全国家标准　食品生产通用卫生规范》（GB 14881—2013）、《食品安全国家标准　消毒餐（饮）具》（GB 14934—2016）的规定。

（3）应设有突发事件处置应急预案，并定期演练，档案记录完整。

（4）应配置消防、防盗、救护、应急照明等设施并定期维护、检修、更新，确保正常有效使用。

（5）公共区域应安装无死角监控设施。做好安全巡查、安全保障、特殊游客的安全关照等。

（6）康体运动类服务项目应在旅游活动开始前对游客进行必要的安全告知、安全教育和技能培训。

（7）应在道路、台阶、水域、主要活动场所等显著位置设置安全警示标志，张贴人员安全须知。水上区域须配备水上救生设备和提供专业救生服务。

2. 质量管理

（1）应有完善的服务标准和操作程序，服务人员应数量充足、岗位职责明确、分工合理。

（2）应有健全的培训制度，每季度对从业人员开展专业知识、岗位技能和服务规范培训。

（3）应建立投诉处理机制。在公共区域显著位置公布投诉电话。

（4）应制定投诉处理流程，通畅投诉渠道，投诉及处理及时、妥善、记录完整，并定期分析总结形成报告。

（5）应围绕服务项目和服务提供要求每季度开展游客满意度调查，并根据结果进行服务质量的持续改进。

6.3 攀枝花市康养产业基础术语

6.3.1 范围

本标准规定了攀枝花市康养产业相关的基础术语。本标准适用于攀枝花市地方标准的编写中使用，也可供康养产业各相关部门、企事业单位在行业管理、市场营销、经营管理等活动中引用和参考。

6.3.2 基础通用

介绍了健康、养生、康复、康养、健康素养、健康预期寿命、亚健康、治未病、康养产业、康养全域化、康养全员化、康养全时化等概念，参见《攀枝花市康养产业基础术语》（DB510400/T 162—2017）。

6.3.3 产业资源

介绍了海拔高度、温度、湿度、空气洁净度、优产度、和谐度、医疗机构、康复机构、养老机构、独立第三方评估机构、健康管理师、心理咨询师、社会工作者、社会体育指导员、养老护理员、康复治疗（医）师、营养师等概念。

6.3.4 产业产品和服务

1. 康养农业

以尊重健康养生为前提，以现代科技手段为支撑，积极开展可持续发展的、能够提高和促进人体健康、调节人体机能的优质化、营养化、功能化农产品的种植和开发的相关经济活动。

2. 食品营养

食品营养是食品中所含的能被人体摄取以维持生命活动的物质及其特性的总称。

3. 康养工业

以健康养生理念为区域发展统领，利用区域内钒钛资源，开发养生保健产品和医疗康复器械等相关工业产品的经济活动。

4. 康养医疗

依托适宜的气候资源、中药资源、中医医术和名医资源及现代高科技医疗技术资源等，借助先进的医学设备设施，满足多元化康养人群医疗与护理、疾病与健康、康复与休养、养生与保健的医养服务活动。

6.4 生态康养基地评定标准

6.4.1 范围

本标准规定了生态康养基地评定标准的指导原则、生态康养的主要途径与产品形态、生态康养基地的质量指标、评定方法与计分说明等。

本标准适用于全国范围内生态康养基地的建设及服务标准，参见《生态康养基地评定标准》（T/CCPEF 056—2019）。

6.4.2 规范性引用文件

规范性引用了《环境空气治疗标准》（GB 3095—2012）、《声环境质量标准》（GB 3096—2008）等 24 个标准。

6.4.3 基础术语

1. 康养

康养，包括健康养老、健康养生，是一种以追求身心健康为目标的养老养生生活方式的总称。

2. 生态康养

以优良的自然生态、自然景观和与之共生的人文生态为依托，以促进人与自然和谐为准则，采取生态友好、绿色低碳、文明健康方式，将生态理念、生态体验和生态行为融于日常生活并基于生态资源获得身心愉悦的一种健康养老、健康养生的生活方式。

3. 生态康养资源

良好的生态环境有利于人类健康，可以为生态康养开发利用，并可产生生态效益、社会效益和经济效益的各种要素的总和。

4. 生态康养文化

以生态资源为载体，并与康养相关的物质文化和精神文化，包括有益于身心的传统文化、历史文化以及健康养生、健康养老的观念、理论和实用方法等。

5. 生态康养基地

以良好的生态养生养老资源为基础，人工建造并具有一定规模，主要供老年人及其家庭养生养老、休闲度假，以调节身心、增进健康的特定区域。

6.4.4 基本规定

1. 基本要求

（1）生态康养基地评定对象。本标准适用于全国范围内正在营业的或正在建设，部分核心功能已经运营的生态康养基地评定，以及综合体项目内生态康养基地部分的评定。

（2）保健型康养基地。保健型康养指人们置身于优美的生态景观中而产生的接近自然、放松愉悦的身心状态，达到调节身心健康的目的。如森林浴、温泉浴、阳光浴等。

（3）理疗型康养基地。理疗型康养指充分利用生态环境对各种亚健康状态和疾病的疗效，如生态环境中具有药理效果的空气负离子和植物精气等开展康养理疗养生活动，以达到调整亚健康状态、防病、治病和疗养的目的。如负离子疗养、植物精气养生、生态养老养生、健康体检、心理咨询等。

（4）运动型康养基地。在生态环境中，利用各种运动来增强体质、减少疾病、促进健康，以达到健康养生目的。如散步、慢跑、登山、太极、瑜伽、八段锦、养生操等。

（5）文化型康养基地。利用生态文化资源，通过生态文化体验等活动提供健康养生服务，在生态环境中修身养性、开阔视野，提升生命质量。如禅修、冥想、音乐、艺术等。

（6）膳食型康养基地。合理利用优质的生态食材资源，根据生态食材特有的高品质以及保健、药用价值，合理配制各种营养健康膳食，以改善健康，达到健康养生养老的目标。如药用食材、绿色有机农林产品等。

2. 主要内容

涵盖生态康养景观、生态康养环境、生态康养空间、生态康养设施、生态康养文化、生态康养食材等内容。

3. 受评主体要求

（1）生态康养基地需要建设完成且正式投入运营，至少应已经投入运营，具备接待能力。

（2）生态康养基地应承诺，向生态康养基地评定机构提供不涉及其商业机密的经营管理数据的义务。

（3）既有生态康养基地，应向相应评定权限的机构递交申请材料。申请材料包括申请报告、自查自评情况说明及其他必要的文字和图片资料。

4. 评定等级确定

评定机构应按本标准的有关要求，对受评主体提交的报告、文件进行审查，对申请评价的生态康养基地，应进行现场考察，出具评价报告，确定等级。

5. 指导性原则

（1）可持续发展原则。生态康养基地以实现自然和谐与人类社会的可持续发展为宗旨，以生态资源的有效保护、永续利用、宣传和繁荣生态康养文化为目标。

（2）综合效益原则。充分发挥生态康养基地的社会效益和经济效益，指导和优化生态康养基地的质量建设。

（3）科学性原则。基地建设应以保护生态为基础，遵循自然规律及区域特色，并符合相关法律法规及其他管理条例的要求，兼顾科学性、可行性、前瞻性。

6. 评定与等级划分

（1）生态康养基地评定指标体系由生态康养资源、生态康养环境、生态康养设施及生态康养服务四大类指标组成，每类指标均包括控制项和评分项。为了鼓励生态康养基地提升建设标准和技术、管理的创新，标准还设置了加分项。

（2）控制项的评定结果为满足或不满足；评分项和加分项的评定结果为某分值。

（3）生态康养基地应按总得分确定等级。

（4）评定指标体系四大类指标的总分为1000分。

第7章　康养产业标准化实施与效果评价

7.1　康养产业标准化实施的意义和影响

7.1.1　康养产业标准化实施的意义

1. 提高康养服务质量和水平

康养产业标准化实施有助于提高康养服务的质量和水平。通过制定一系列标准化服务流程、要求和评价体系，可以规范康养服务提供者的行为，从而提升服务质量和水平。这有助于满足人民群众对高质量、个性化的康养服务的需求，提高康养行业的整体竞争力。

2. 促进行业规范化和现代化

康养产业标准化实施有助于康养产业实现规范化和现代化。在标准化的推动下，康养服务提供者将更加注重规范化运作，提高服务效率。同时，康养服务提供者还将加大研发投入，推动康养技术和服务模式的创新，使康养产业更加现代化。

3. 保障公平竞争

康养产业标准化实施有助于保障行业公平竞争。通过制定统一的服务标准，康养服务提供者将不再因执行标准不同而产生不公平竞争。这将有利于行业资源的合理配置，促进康养产业的持续健康发展。

4. 提升产业链整体竞争力

康养产业标准化实施有助于提升产业链整体竞争力。在产业链中，各个环节都应遵循相同的标准，确保产品和服务的一致性。这有助于提高整个康养产业链的运行效率，促进康养产业的发展。

7.1.2 康养产业标准化实施的影响

1. 提高行业监管效率

通过制定统一的服务标准，监管部门可以更方便地进行监督和管理，确保康养服务提供者按照标准要求进行服务。这将有助于提高行业监管水平，保障人民群众的健康权益。

2. 促进行业转型升级

通过推动康养服务提供者提高服务质量和水平，可以引导康养产业向高端、个性化方向发展。同时，康养产业还可以与先进的健康科技相结合，实现产业升级。

3. 提高企业市场竞争力

在竞争激烈的康养市场中，企业需要不断提高自身的服务质量和水平，以吸引更多的客户。通过实施标准化，企业可以更加便捷地提高服务质量和水平，提升市场竞争力。

4. 优化产业结构

通过将资源和服务集中在康养产业，可以减少对其他产业的过度依赖，实现产业结构的优化。同时，康养产业的发展还可以带动相关产业的协同发展，促进产业结构调整升级。

总之，康养产业标准化实施的意义和影响是显而易见的。只有实施标准化，才能确保康养产业高质量、规范化发展，满足人民群众日益增长的健康需求，促进行业转型升级，提高行业整体竞争力。在今后的发展中，我国政府应加大对康养产业标准化实施的重视力度，为康养产业的发展提供有力支持。

7.2 康养产业标准化实施的方法和途径

7.2.1 康养产业标准化实施的方法

1. 制定政策文件，推动标准化工作

政府应加大对康养产业标准化工作的支持力度，制定一系列政策文件，推动康养产业标准化工作的开展。这些政策文件可以包括康养服务标准化、康养用品标准化、康养管理标准化等方面的内容。通过政策文件的引导，形成全社会关注康养产业标准化的氛围，提高标准化建设的重视程度。

2. 组建标准化委员会，负责标准制定工作

康养产业标准化委员会应由业内专家、相关部门工作人员和企业代表组成。该委员会负责制定康养产业相关标准，组织对已制定的标准进行修订，并监督标准的实施。通过成立标准化委员会，可以提高康养产业标准化的专业性、权威性和实用性。

3. 制定并实施标准，确保康养服务品质

康养服务是康养产业的核心，服务品质对于整个产业的健康发展至关重要。因此，应制定一系列服务标准，包括服务质量、服务流程、服务设施等方面的内容。同时，要加强对标准的宣传和培训，提高康养服务人员的执行标准能力。通过制定并实施标准，可以确保康养服务品质，提高服务水平和满意度。

4. 建立评价体系，监督标准实施效果

为了确保康养产业标准化的有效实施，应建立一套完整的评价体系。该体系包括对康养服务、康养用品、康养管理等方面的评价，通过定期评估，及时发现和解决问题。通过评价体系的建立，可以增强康养产业标准化的监督力度，确保标准实施的成效。

5. 加强政策宣传，提高公众对康养产业标准化的认知度

公众对康养产业标准化的认知度直接影响该产业的发展。因此，政府应加大政策宣传力度，通过各种渠道向公众普及康养产业标准化的意义和重要性。此外，还可以利用媒体、展会等平台，向公众展示康养产业标准化的优势和成果，提高公众对该产业的认同和支持。

总之，康养产业标准化实施的方法包括制定政策文件、组建标准化委员会、制定并实施标准、建立评价体系、加强政策宣传五个方面。只有通过全面、深入、系统的标准化工作，才能推动我国康养产业实现高质量发展。

7.2.2 康养产业标准化实施的途径

1. 制定政策，推动标准化工作

政府应加大对康养产业标准化的支持力度，制定相关的政策措施。

政策导向可以引导和推动康养产业的发展方向，为标准化实施提供依据。政府应鼓励企业积极参与标准化工作，为康养产业提供更多的资源和支持。

2. 建立完善的康养产业标准体系

康养产业标准体系是指为康养产业制定的各类技术标准、服务标准、管理标准等。建立完善的康养产业标准体系，有助于提高整个产业的竞争力和服务水平。政府应组织相关部门，结合国内外康养产业的实际情况，制定符合我国国情和产业特点的康养产业标准。

3. 强化标准的实施和监督

标准的实施和监督是确保标准有效性的关键。政府应加强对康养产业标准实施的监督，确保企业按照标准开展业务。对于违反标准的企业，政府应依法进行查处，以保障康养产业的整体质量和水平。

4. 加强人才培养，提高从业人员的素质

人才是康养产业发展的核心。政府应加大对康养产业人才的培养力度，提高从业人员的专业素质。通过培训、考核等多种方式，培养一批熟悉康养产业标准的专业人才，以满足康养产业对人才的需求。

5. 引进国外先进标准，提高我国康养产业的竞争力

引进国外先进的康养产业标准，可以加快我国康养产业的发展。政府应积极引进国外先进的康养产业标准，并结合我国的实际情况进行调整和完善。通过吸收国际先进经验，我国康养产业可以不断提高自身的竞争力和服务水平。

6. 加强国际交流与合作，提升我国康养产业的地位

国际交流与合作是提高我国康养产业地位的重要途径。政府应积极参与国际康养产业标准的制定和合作，与各国康养产业机构和企业建立合作关系。通过国际交流与合作，我国康养产业可以更好地融入全球经济，提高自身的国际影响力。

总之，实施康养产业标准化是推动我国康养产业持续健康发展的关键。政府应通过制定政策、建立标准体系、强化标准的实施和监督、人才培养、引进国外先进标准以及加强国际交流与合作等途径，全面推进康养产业标准化工作。在实施过程中，政府、企业和社会各界应共同努力，确保康养产业标准化的有效实施和持续发展。

7.3 康养产业标准化实施的效果评价方法

7.3.1 制定评价指标体系

评价指标体系是评价康养产业标准化实施效果的基础。根据康养产业的实际情况，可以制定包括服务流程、服务态度、服务质量、技术水平、设备设施、管理模式等方面的评价指标。

7.3.2 开展实地调研

实地调研是评价康养产业标准化实施效果的重要手段。通过对康养机构的实地走访，可以了解服务流程、设备设施、管理模式等方面的具体情况，为评价指标的设定提供依据。

7.3.3 统计分析数据

统计分析数据是评价康养产业标准化实施效果的重要依据。通过对收集到的数据进行统计分析，可以得出康养产业在标准化实施过程中的各种变化，为决策提供依据。

7.3.4 结合评价指标进行综合评价

根据制定的评价指标体系，结合实地调研和统计分析数据，对康养产业标准化实施效果进行综合评价。评价结果可以反映康养产业在标准化实施过程中的进步程度，为政策制定者和企业提供参考依据。

康养产业标准化实施对于提高服务质量和水平、增强竞争力、促进产业发展具有重要意义。为了有效评价康养产业标准化实施的效果，需要制定评价指标体系，开展实地调研，统计分析数据，并结合评价指标进行综合评价。通过评价，可以为康养产业的规范化、高端化、融合化发展提供有力支撑。

7.4 康养产业标准化的结果和应用

7.4.1 康养产业标准化的结果

1. 政策制定

近年来，通过贯彻《国家标准化发展纲要》和《中华人民共和国标准化法》，康养产业标准化的建设得到了快速的发展。如《康养产业发展规划（2016—2020年）》明确提出要加强康养产业标准化建设，推动产业健康发展。

2. 标准制定

在政策的引导下，我国相关部门已制定了一系列康养产业相关标准。

如《老年人照料设施光环境设计规范》（T/LXLY 11—2022）、《医疗机构康复治疗师服务规范》（DB 34/T 4622—2023）等，为康养产业提供了明确的服务要求和规范。

3. 标准实施

各地相关部门也积极推动康养产业标准化的实施，通过开展培训、检查等多种方式，强化康养企业的标准意识和服务质量。同时，政府加大了对康养产业标准化的宣传力度，提高公众对康养服务标准的认识和认可度。

7.4.2 康养产业标准化的应用

1. 提高服务质量和水平

通过康养产业标准化的实施，提高了服务质量和水平。康养企业在服务流程、服务标准等方面受到约束，服务质量和水平得到明显提升。

2. 促进行业健康发展

康养产业标准化的推广，有利于促进行业健康发展。通过制定符合行业发展的标准，引导康养企业合理竞争，提高整个行业的服务水平和运营效率。

3. 保障人民生命健康

康养产业标准化的实施，有助于保障人民生命健康。通过制定与康养服务相关的标准，规范服务流程，保障服务安全，提高服务质量和水平，为人民群众提供更加优质、安全的康养服务。

康养产业标准化的实施和应用，为我国康养产业的发展提供了有力保障。未来，随着康养产业的快速发展，我国政府将继续加大对康养产业标准化的支持力度，为人民群众提供更加优质、安全的康养服务，助力人民群众美好生活的实现。

7.5 康养产业标准化给产业发展带来的影响

1. 提高服务质量和水平

康养产业标准化意味着对服务流程、服务内容、服务标准等方面进行了明确规定。通过标准化，可以统一服务要求，提高服务质量和水平。康养产业服务机构可以根据标准，提供全方位、全过程的服务，满足客户的多样化需求。而客户也可以根据标准，了解服务内容、服务流程等方面的信息，作出明智的消费决策。

2. 规范行业发展

康养产业标准化有助于行业规范发展。通过制定统一的服务标准，可以有效避免服务机构之间因为服务标准不一致而产生的纠纷。同时，也能防止服务机构为了降低成本而降低服务标准的情况发生。行业标准化的实施，有利于促进行业内部竞争，提升整个行业的服务水平和竞争力。

3. 促进产业升级

康养产业标准化有助于促进产业升级。通过建立完善的服务标准，可以引导资金和技术等资源向优质、高附加值的服务领域倾斜。同时，也能推动康养产业向高端化、智能化、融合化等方向发展。随着服务水平的提高，康养产业的服务半径将扩大，市场份额将增加，从而实现产业的升级。

4. 增强客户信任感

康养产业标准化有助于增强客户信任感。统一的服务标准，使客户能够清楚地了解服务内容、服务流程和服务价格等方面的信息。客户可以根据自己的需求，选择合适的服务机构，从而建立信任关系；而服务机构的优质服务，也会使客户对服务产生信心，形成品牌效应，为产业发展奠定良好基础。

5. 提高从业人员的职业素养

康养产业标准化有助于提高从业人员的职业素养。通过学习、培训和考试等方式，从业人员可以不断提高自己的专业知识和技能水平，为客户提供更优质的服务。同时，统一的服务标准，也为从业人员提供了公平竞争的环境，有利于激发他们的竞争意识和创新能力。

6. 降低运营成本

康养产业标准化有助于降低运营成本。通过建立统一的服务标准，可以降低服务成本，提高服务效率。例如，在服务流程上，可以通过简化操作流程，提高服务便捷性，从而降低运营成本。在医疗器械和药品采购上，可以通过集中采购、批量采购等方式，降低采购成本。

7. 促进行业健康发展

康养产业标准化有助于促进行业健康发展。通过实现产业的规范化、标准化，可以有效提高服务质量和水平，推动产业向高端化、智能化、融合化等方向发展。同时，也可以规范行业竞争秩序，防止低质量、低服务水平的服务机构扰乱市场。

总之，康养产业标准化对产业发展具有深远影响。通过实现产业的规范化、标准化，可以提高服务质量和水平，促进行业的健康发展。同时，也有助于提高从业人员的职业素养，降低运营成本，促进行业的繁荣和发展。因此，政府和社会各界应加大对康养产业标准化的支持力度，推动产业发展迈向新高度。

7.6 "康养城市"评价标准

"康养城市"评价标准见表 7-1。

表 7-1   "康养城市"评价标准

指标体系	一级指标	二级指标	评价指标含义	评级指标参考值	分值
养生环境支持系统（360）	气候舒适度（160）	酷热指数	极端高温天数	专家依据气温高于28℃天数打分评价，当气温为28℃时，人体处于热平衡状态	40分制
		寒冷指数	极端低温天数	专家依据气温低于4℃天数打分评价。当环境温度在4~10℃时，容易患感冒、咳嗽病，生冻疮	40分制
		气候舒适度期	基于月均温度、湿度、风力综合指数，气候舒适月份数进行评价	采用廖善余的综合舒适度指标 $S = 0.6(\|T-24\|) + 0.07(\|R-70\|) + 0.5(\|V-2\|)$，式中 S 为综合舒适度指标，T、R、V 分别为多年月平均气温（℃）、相对湿度（%）和风速（米/秒）。$S \leq 4.55$ 为舒适；$4.55 < S \leq 6.95$ 为较舒适；$6.95 < S \leq 9.00$ 为不舒适；$S > 9.00$ 为极不舒适	80分制
	生态因子（120）	植被覆盖指数	评价不同土地利用占覆被类型赋予不同的权重	计算方法：$VCI = (0.5 \times$ 林地面积 $\times$ 生长期 $+ 0.3 \times$ 草地面积 $\times$ 生长期 $+ 0.2 \times$ 农田面积 $\times$ 生长期$)/$区域面积	30分制
		水体密度指数	评价水域面积占区域面积的比重	计算方法：水域面积/区域面积。计算时水域面积采用评价时段内最大水域面积，包括湖泊、水库及河流	30分制
		土地退化指数	评价区域内风蚀、水蚀、重力侵蚀、冻融、侵蚀和工程侵蚀的面积占评价区域总面积的比重	计算方法：总侵蚀面积/区域面积。总侵蚀面积 $= 0.05 \times$ 轻度侵蚀面积 $+ 0.25 \times$ 中度侵蚀面积 $+ 0.7 \times (0.2 \times$ 强度侵蚀面积 $+ 0.3 \times$ 极度侵蚀面积 $+ 0.5 \times$ 剧烈侵蚀面积$)$	30分制

第7章 康养产业标准化实施与效果评价

续表

指标体系	一级指标	二级指标	评价指标含义	评级指标参考值	分值
养生环境支持系统（360）	生态因子（120）	灾害指数	评价区域内农田、草地、森林等生态系统遭受气象灾害的面积占被评价区域面积的比重	计算方法：(0.1×轻度灾害面积+0.3×中度灾害面积+0.6×重度灾害面积+1.0×毁灭性灾害面积)/区域面积	30分制
	环境水平（80）	大气环境及污染指数	评价空气综合质量水平	国家环保局标准	20分制
		区域噪声平均值	评价社会环境影响力	70db（国家标准值）	20分制
		生活污水集中处理率	评价城市基础设施对环境的影响力	100%（国际标准）	20分制
		生活垃圾粪便无害化处理率	评价城市基础设施对环境的影响力	100%（国际标准）	20分制
养生资源价值系统（150）	养生资源要素价值（50）	养生资源珍奇度	评价养生资源在区域范围内的稀缺性	参考旅游资源分类、调查与评价标准	20分制
		养生资源类型丰度	评价养生资源类型丰富度	参考旅游资源分类、调查与评价标准	20分制
		养生资源品味度	评价养生资源的品味	参考旅游资源分类、调查与评价标准	10分制
	养生资源开发潜力价值（50）	养生技术的推广度	评价养生资源应用价值	综合评价打分	20分制
		养生资源规模和聚集程度	评价养生资源转换为产业潜力	综合评价打分	30分制
	养生资源影响力价值（50）	养生资源科学、文化、艺术价值	评价养生资源具有的历史价值及文化价值	参考旅游资源分类、调查与评价标准	20分制

续表

指标体系	一级指标	二级指标	评价指标含义	评级指标参考值	分值
养生资源价值系统（150）	养生资源影响力价值（50）	养生资源区域影响力	评价资源在世界范围内形成的影响力	参考旅游资源分类、调查与评价标准	30分制
养生产业发展水平（100）	养生经济发展水平（40）	养生产业经济产值比重	评价养生产业在国民经济中的水平	≫15（经验值）	40分制
	养生产业结构水平（30）	养生产业类型及结构	养生资源类型丰富度	经验打分	30分制
	养生品牌市场影响力（30）	某类型产业或多种产业影响力	养生产业市场影响力	经验打分	30分制
配套设施支持度（250）	医疗机构水平（80）	康疗机构及医院数	作为养生城市高于宜居城市标准（病床数/万人）	≫90（国内先进水平）	50分制
		持有专业技能资质证书的员工数量	通过专业培训的员工是衡量医疗机构水平的标准	通过专业机构认证的员工数量占70%	20分制
		养生培训机构（学校）数	培训学校是衡量养生城市养生专业的重要指标	至少拥有一个专业的养生培训机构	10分制
	基础设施配套程度（60）	对外交通便捷性	评价航空、铁路等外部交通的通达性	经验打分	20分制
		城市气化率	评价城市市政配套水平	以国内发达城市为标准	10分制
		新能源使用率	评价城市基础设施先进性	以国内发达城市为标准	10分制
		信息通信网络通达性	评价城市基础设施现代性	以国内发达城市为标准	20分制

第7章 康养产业标准化实施与效果评价

续表

指标体系	一级指标	二级指标	评价指标含义	评级指标参考值	分值
配套设施支持度（250）	度假设施配套水平（80）	专业养生酒店、数量及等级	评价养生城市接待水平	10家以上专业酒店	20分制
		每万人拥有公园数量	评价养生城市休闲性配套水平	国际发达城市为标准	20分制
		每万人拥有夜间剧场、影剧院数量	评价养生城市文化性配套水平	国际发达城市为标准	20分制
		每万人拥有体育场地数量	评价养生城市体育配套水平	国际发达城市为标准	20分制
	健康管理服务能力（30）	健康信息化水平	评价养生城市的健康管理信息化	形成国际性健康数据共享平台	20分制
		康疗机构标准化管理水平	评价养生城市健康管理监督	拥有统一的监督机构	10分制
养生效果评价（140）	本地宜居水平（70）	人口密度	评价城市拥挤度	（国外发达城市现状）3000人/平方千米	20分制
		社会治安综合指数	评价城市安全性	抽样调查	10分制
		长寿人数比例	评价本地居民长寿水平	参考长寿区域指标	20分制
		居民幸福度指数	评价本地居民生活状态	抽样调查	10分制
		死亡率指数	评价本地居民城市健康水平	数据统计	10分制

· 123 ·

续表

指标体系	一级指标	二级指标	评价指标含义	评级指标参考值	分值
养生效果评价（140）	游客满意度（40）	游客旅游投诉处理率	评价社会旅游服务管理能力	抽样调查	10分制
		游客对政府公共事务效率指数评价	评价综合管理能力	抽样调查	10分制
		游客对本地居民兼容心理评价	评价旅游城市的包容性	抽样调查	10分制
		游客对本地交往诚信指数评价	评价旅游城市的信誉度	抽样调查	10分制
	游客养生效果认可度（30）	游客针对治疗某类疾病的公认度	评价城市疾病治疗效果	抽样调查	10分制
		游客中养生游客比例	评价养生市场效应	抽样调查	10分制
		养老人群居住时段	评价养老时间效应	抽样调查	10分制

注：选自北京绿维文旅运营集团。

7.7　康养标准化案例介绍

7.7.1　康复护理服务标准化实践

1. 背景

随着我国老龄化进程的加速，康复护理服务需求不断增加，但康复护理服务的质量参差不齐。为了提高康复护理服务的质量和效率，降低服务成本，满足老年人多样化的需求，某地区开展了康复护理服务标准化实践。

2. 做法

（1）制定康复护理服务标准。参照国家相关法律法规和标准，结合当地实际情况，制定了一份适用于本地区的康复护理服务标准。标准包括康复护理服务的项目、内容、流程、质量要求等。

（2）培训康复护理人员。针对参与服务的医护人员和服务对象，组织了专门的培训课程使康复护理人员掌握服务技能和规范，提高服务质量。

（3）建立康复护理服务管理体系。建立了完善的康复护理服务管理体系，明确了各级负责人的职责和权限，规范了服务流程和操作规范。

（4）加强质量监督和管理。设立了质量监督小组，定期对康复护理服务的质量进行监督和管理，及时发现和纠正问题。

（5）实施标准化服务。在康复护理服务的实施过程中，严格按照制定的标准和流程进行操作，确保服务的质量和效果。

（6）提高服务效率。通过标准化管理和服务流程的优化，提高了康复护理服务的效率和便捷性。

（7）推动服务质量提升。通过对康复护理服务质量的监管和管理，不断推动服务质量提升，使康复护理服务的质量得到显著提高，受到了广大老年人的好评。

3. 效果

通过康复护理服务标准化实践，使康复护理服务的质量得到了很大的提升，满足了老年人的多样化需求。同时，也降低了服务成本，提高了服务效率，为老年人提供了更优质、便捷的康复护理服务。此外，该实践还产生了积极的社会效益和经济效益，为推进我国老龄化事业的发展作出了贡献。

7.7.2 中国保险康养产业联盟康养产业标准化的三大体系

中国保险康养产业联盟是由保险公司、康养服务企业、医疗机构、政府监管部门等组成的行业联盟，旨在整合行业资源，以"保险资源、产业基金、产业运营"三大业务板块为资源整合出发点，通过搭建标准化合作体系，推动保险与康养服务的结合，为参保人员和被保险人提供全流程、全方位的保险服务。

目前联盟康养产业标准化包括以下三大体系。

1. 康养资产标准化

从选址、物业规模、建筑标准、适老化服务等方面，吸取全球各个养老机构的优势，形成联盟自己的一套标准化系统。选址的标准化，包括城市等级研究、交通、医疗资源、生态资源、周边人口结构，同时对保险市场，包括保单客户需求的深度研究。物业规模的标准化，包括机构型（医养照护中心）、旅居型（健康养老公寓）、社区型等，同时着力打造复合型的康养产业小镇，一是让老人直接进入社会的循环中，看得到产业、年轻人、孩子；二是回避重资产，因为小镇有房地产开发，结合地产开发，可以形成很好的现金流。目前，联盟已经在桂林第一个示范的康养小镇开始进行操作，现在研究得更多的是如何为保险企业服务，同时建立适合保险企业进入整个康养社区的运营、服务、销售体系。三是适老化服务的标准化，梳理了全球养老机构的设施，研发了80多项适老化标准。

2. 康养运营的标准化

现在中国有很多康养机构，各式各样，但很难达到一个标准的规模。与日本、欧美等先进国家相比，联盟在标准化方面还存在很大差距，诸多地方仍需提升。

首先，服务标准化。完善和健全四大服务：一是全心管家式服务。老人群体在这方面的需求更强，对于完全需要照护的失能老人、临终关怀的老人，贴心的管家式服务必不可少。二是全面医疗服务。医疗服务不完全和医院重合，更多偏向于预防、康复，打造一个良好的绿色转诊平台，老人如果有突发症状或疾病，能尽快将他送到可以为他们医治的医生那里。三是全程金融服务。发起保险康养产业联盟，研究全世界康养产业发展，绝对离不开金融支持，其中最核心的部分就是保险企业和保险资金的介入。四是全能智慧服务。全球科技的发展，包括人工智能、大数据、医疗生物科技等技术的发展，都为康养产业带来了新的机遇、新的变革和创新的基础和支撑。

其次，培训标准化。康养产业存在较为明显的几大缺陷：一是政策法规支持不够；二是整个产业人才缺失；三是整个系统运营和模式的提升和创建。在人才缺失的情况下，培训就显得非常重要，中国保险康养产业联盟在福建、广西桂林有意打造培训基地和平台，推动整个康养产业的发展。

再次，风险控制标准化。这是养老产业面临的一个基础性课题，如何让老人安心，让家人安心，需要很多系统的管理、软件、硬件支撑，才能完成。

最后，智慧标准化。实际就是软件的开发和完善。目前，我们和国内顶尖的软件开发企业，针对养老康养产业，进行一些技术性、科研上的开发。

3. 康养合作的标准化

康养合作的标准化包括营销标准化、合作模式标准化。

营销标准化主要研究与保险企业的合作模式，从保险保单、金融产品、物业销售、使用权销售到会员制度，所有营销的标准化是保证一个康养社区能够快速形成资金的支撑以及服务体系，这点非常重要。

合作模式标准化主要有两个方面，一是与保险公司的合作模式，从保单销售到客户入住，再到社区的换住，这是被称为"旅居"的康养模式，实际上，只有与保险公司合作，才能形成这种商业模式。二是和地产企业的合作，在过去十几年、二十年，联盟都有投资房地产，现在中国地产可能进入一个拐点，在未来可期的若干年中，中国的房地产会走向经济化、细分化、专业化，康养地产将成为其中最大的一个市场板块。

中国保险康养产业联盟希望建立康养产业的标准，助力产业标准化的建设，探索保险与康养社区标准化发展的路径，实现"保险+康养"特色运营的模式快速复制（唐晓丹，2020）。

7.7.3 攀枝花康养标准制定案例

1. 基本情况

攀枝花是四川省的一个地级市，位于四川盆地西部，拥有丰富的自然资源和独特的气候环境，被誉为"钒钛之都"。随着产业转型升级和人口老龄化趋势的加剧，康养产业逐渐成为攀枝花市的重要发展方向。为了推动攀枝花康养产业的发展，攀枝花市制定了一系列康养标准，旨在为康养服务和管理提供参考和依据。其中，最具有代表性的是《攀枝花市康养服务标准》（以下简称《攀枝花标准》）。

2. 《攀枝花标准》主要内容

（1）康养服务流程标准。包括康养服务申请、受理、审核、评估、入住、退出等流程的标准规范。

（2）康养设备标准。包括康养设施、设备、家具、床上用品等的标准规范。

（3）康养服务内容标准。包括康养服务的具体内容、服务流程、服务质量等的标准规范。

（4）康养人员标准。包括康养服务人员的专业资格、职业技能、服务水平等的标准规范。

（5）康养环境标准。包括康养场所的环境质量、卫生条件、安全措施等的标准规范。

（6）康养项目认定标准。以业态占比区分康养项目与其他项目、以投资主体区分产业项目与事业项目、以持续运营区分长稳项目与短快项目，划分为健康"颐养""食养""疗养""休养""育养""学养""颜养"七类业态，85种小类的康养产品或体验康养服务而实现"健康、养生、养老"等目标。

通过对《攀枝花标准》的制定，有助于提高康养服务的质量和管理的规范化水平，促进攀枝花康养产业的发展。

3. 案例解析

《攀枝花标准》是攀枝花市在康养产业发展中探索出的一套标准化体系，通过对康养服务流程、设备、服务内容、人员和环境等方面的规范，为康养服务提供了科学依据和标准参考。该标准的制定不仅有助于提高康养服务的质量，同时也有助于保障康养服务的安全和可持续性。该标准的制定过程中，攀枝花市通过多方征求意见，收集了大量的数据和实践案例，结合当地的实际情况，制定了具体的标准规范。同时，攀枝花市还建立完善的审核评估机制，对康养服务进行定期评估和监管，确保康养服务的质量和安全。

综上所述，《攀枝花标准》制定的成功，为攀枝花康养产业的发展提供了重要的标准化参考和依据，也为其他康养城市的建设提供了借鉴和启示。

第8章 结论与展望

8.1 主要成果与研究结论

8.1.1 主要成果

1. 康养设施标准化

对康养设施的技术要求、设计、施工等方面进行了明确规定,为康养产业发展提供了有力支持。

2. 康养服务标准化

通过对服务项目、服务流程、服务标准等服务标准化方面的规范,确保康养服务的质量和一致性,达到了服务流程的标准化;对康养服务质量包括服务态度、服务技能、服务设施等方面的要求,提高了服务质量标准化水平;对康养服务的设施和服务设备进行标准化,确保服务设施和服务设备达到一定标准,提供更好的服务;对康养服务人员培训进行标准化,确保服务人员具备相关资质和技能,提高服务水平;对康养服务的各项文件进行标准化,确保服务文件的使用和管理规范,提高服务效率和质量;对康养服务的安全管理进行标准化,包括安全操作规程、安全管理制度等，确保服务安全；对康养服务的环境保护进行标准化，包括环境管理、垃圾分类等，以保护环境；对康养服务的信息管理进行标准化，包括信息收集、处理和使用等，以提高服务效率和质量；对康养服务的绩效进行标准化，包括绩效指标、考核方法等，以确保服务质量和效益；对康养服务的持续改进进行标准化，包括服务改进、流程优化等，以不断提高服务水平和质量。

3. 康养管理标准化

政府加强了对康养机构的管理要求，规范了康养市场的秩序，保障了康养服务的质量和安全。

通过对康养服务过程中各个环节的操作流程进行规范化、服务标准化、人员管理培训、设备配备等管理体系的建设、标准化模式的推广和服务信息化建设以及对康养服务的监管和控制标准化，提高了康养服务的质量和效率，降低了风险，促进产业发展，提高了顾客满意度、企业管理水平，增强了服务品牌影响力。

8.1.2 研究结论

康养产业既是国民经济的重要组成部分，也是一个快速发展的行业。标准化是指在康养产业中建立一套完整的、科学的技术标准和规范体系，以保证产品和服务质量的一致性和可靠性。本书对康养产业标准化进行了深入研究，主要包括标准化现状及存在的问题、国外经验和启示，以及提出相应的建议。

1. 标准化现状及存在的问题

康养产业中标准化工作取得了一定进展，但仍然存在一些问题。主要包括：缺乏统一的技术标准和规范体系；产品和服务质量参差不齐；康养服务人员缺乏专业知识和技能；康养设备设施落后；缺乏政策支持和引导；各部门之间协调不畅；标准制定和实施过程不规范；标准有效性和可操作性不足。

2. 国外经验和启示

建立完整的标准化体系；重视标准实施和监督；建立标准创新机制；需要加强国际合作和交流。

3. 建议

加强政策支持和引导；建立各部门协调机制；规范标准制定和实施过程；提高标准有效性和可操作性；加强标准创新和研发。

4. 结论

康养产业标准化研究是康养产业发展的重要一环。当前，康养产业标准化工作已经取得了一定进展，但仍存在一些问题。为了进一步推动康养产业的发展，需要加强标准化工作，建立完整的标准化体系，提高标准有效性和可操作性，加强政策支持和引导，以及加强标准创新和研发。只有通过标准化工作，才能提高康养服务的质量和水平，满足人们日益增长的健康需求，推动康养产业的健康发展。

康养产业主要产品及服务见表8-1，康养产业的主要标准及特点见表8-2。

表8-1　　　　　　　　　　康养产业主要产品及服务

产品或服务名称	描述
健康体检	对人体进行检查和评估，以确定身体状态和健康问题
康复治疗	通过一系列治疗手段，帮助患者康复和恢复健康
保健品	具有特定的营养成分和健康功能
健康管理	提供个性化的健康服务，以帮助个人和家庭管理健康
养老护理	提供全方位的养老护理服务，以满足老年人需求

表 8-2　　　　　　　　　　康养产业的主要标准及特点

标准名称	描述	特点
ISO 9001：2015 质量管理体系	建立一套完整的、科学的技术标准和规范体系	约束性
ISO 14401：2013 环境管理体系	重视标准实施和监督	约束性
ISO 19001：2016 健康与安全管理体系	建立标准创新机制	约束性
ISO 22000：2013 信息安全管理体系	加强国际合作和交流	推荐性

康养产业是一个快速发展的行业，标准化工作对于保证产品和服务质量的一致性和可靠性至关重要，希望能为康养产业标准化工作提供一些参考和借鉴。

8.2　研究不足与局限

1. 研究范围局限

该研究主要关注康养产业的标准化问题，但研究范围较窄，没有全面涵盖康养产业的所有方面。例如，该研究没有涉及康养服务的质量、安全、管理等方面，也没有考虑到不同地区、不同类型康养产业的差异性。

2. 研究方法单一

该研究采用的研究方法主要是文献综述和案例分析，没有采用更为全面、深入的实证研究方法。文献综述和案例分析可以帮助研究者了解相关理论和实践情况，但无法提供更加详细、深入的数据和信息，也无法验证理论的有效性和可行性。

3. 数据来源局限

本书主要引用了国内的相关文献和数据，但康养产业是一个快速发展的行业，数据来源可能存在不完整、不准确或过时的风险。此外，由于康养产业的复杂性，该领域的数据可能很难收集和整理，这可能也限制了研究的深度和广度。

4. 研究结果主观性较强

该研究采用的案例分析方法可能会导致研究结果的主观性较强。因为案例分析是基于研究者对案例的理解和分析，而研究者对案例的理解和分析可能会受到其个人经验、背景等因素的影响，从而导致研究结果的偏差。

5. 研究结果可靠性不足

该研究采用的文献综述和案例分析方法可能存在信息不对称、资料不完整、结论不明确等问题，从而影响研究结果的可靠性和可信度。

6. 研究应用局限

该研究主要探讨了康养产业的标准化问题，但没有提出具体的解决方案或政策建议。研究结果可以提供相关参考和指导，但需要进一步的应用研究，才能为康养产业的发展提供更加具体、实用的建议和指导。

本书在研究范围、研究方法、研究结果可靠性等方面存在一些不足与局限。但康养产业标准化研究是非常有价值的，因此，需要在后续的研究中，综合运用多种研究方法，扩大研究范围，提高研究质量和可靠性，以更好地推动康养产业的发展。

8.3 康养产业标准化发展展望

8.3.1 完善康养服务标准体系

（1）梳理康养服务项目。对康养服务项目进行系统梳理，明确服务内容，建立统一的服务标准库。

（2）制定并完善服务流程。建立服务流程标准化体系，规范服务流程，确保服务质量和水平。

（3）建立服务质量评价体系。通过定期评估、监督、检查等方式，对康养服务质量进行评价，激励企业提升服务质量。

8.3.2 健全康养收费标准体系

（1）明确收费项目。对康养服务收费项目进行分类，明确各项收费的依据和范围。

（2）建立收费标准机制。根据服务成本和市场情况，动态调整收费标准，实现合理定价。

（3）加强收费透明度。提高收费信息公开度，让消费者了解真实情况，便于价格比较和选择。

8.3.3 提升从业人员素质

（1）加强职业培训。对康养服务从业人员进行专业培训，提高其服务技能和职业道德。

（2）建立从业资格认证制度。设立从业资格认证，对从业人员进行规范化管理。

（3）加强行业自律。鼓励企业和服务提供者参与行业自律，自我约束，提高服务质量和水平。

总之，康养产业标准化研究对于提高康养服务水平，规范康养市场具有重要意义。通过完善康养服务标准体系、健全康养收费标准体系、提升从业人员素质等措施，可以有效推动康养产业标准化发展，为我国康养产业的高质量发展提供有力支持。

附录　部分康养产业标准汇总

序号	标准状态	名称	标准编号	范围	实施时间
1	现行	《中国森林认证 森林经营》	GB/T 28951—2021	规定了森林可持续经营认证应满足的要求。适用于森林认证机构对森林经营单位的森林经营管理体系进行审核和评估	2021-12-01
2	现行	《老年保健服务规范》	GB/T 39510—2020	规定了老年保健服务的术语和定义、服务项目、机构管理、服务类型及流程、服务要求等。适用于为老年提供非医疗性老年保健服务的机构（以下简称机构），包括保健服务机构、养老机构、社区服务中心等	2021-06-01
3	现行	《森林生态系统服务功能评估规范》	GB/T 38582—2020	规定了森林生态系统服务功能评估的术语和定义、基本要求、数据来源、评估指标体系、分布式测算方法、评估公式。适用于森林生态系统服务功能评估工作。不适用于林地自身价值	2020-10-01
4	现行	《生态休闲养生（养老）基地建设和运营服务规范》	GB/T 36732—2018	规定了生态休闲养生（养老）基地（以下简称基地）的布局、机构与人员、设施、服务、安全与卫生和质量控制与改进等要求。适用于生态休闲养生（养老）基地的建设、经营与服务的管理等	2019-04-01

附录 部分康养产业标准汇总

续表

序号	标准状态	名称	标准编号	范围	实施时间
5	现行	《温泉服务基本规范》	GB/T 35555—2017	规定了温泉服务的总则、组织与人员、服务保障、服务内容与要求、安全应急、评价与改进。适用于温泉服务提供与管理	2018-07-01
6	现行	《老年旅游服务规范景区》	GB/T 35560—2017	规定了景区为老年旅游者提供服务的基本要求、服务提供者、服务交付、服务评价与改进方面的内容和要求。适用于提供老年旅游服务的各类景区	2018-07-01
7	现行	《养老机构服务质量基本规范》	GB/T 35796—2017	规定了养老机构服务的基本要求、服务项目与质量要求、管理要求、服务评价与改进。适用于养老机构的服务质量管理	2017-12-29
8	现行	《母婴保健服务场所通用要求》	GB/T 33855—2017	规定了母婴保健服务机构及其经营场所的术语、定义、分类、基本要求、基础设施，以及对场所人员管理服务提供专业技术、文件和记录、检查与服务质量评价、不合格服务的处置服务改进、争议和投诉提出通用规范。适用于为顾客提供非医疗性服务的母婴保健服务机构及其场所，包括场所的设施、环境、卫生、服务、安全等方面的通用要求。可作为母婴保健服务质量合格评定的参考依据	2017-09-01

· 137 ·

续表

序号	标准状态	名称	标准编号	范围	实施时间
9	现行	《温泉服务 基本术语》	GB/T 33533—2017	给出了温泉服务的基础概念，以及与温泉服务相关的服务保障、服务提供方面常用的基本术语。适用于温泉服务及相关领域的标准制定、服务评价、信息处理和信息交换	2017-09-01
10	现行	《社区老年人日间照料中心服务基本要求》	GB/T 33168—2016	规定了社区老年人日间照料中心服务的总则、基本服务和适宜服务。适用于城市社区老年人日间照料中心。养老机构中的老年人日间照料中心和农村社区老年人日间照料中心可参照执行	2017-05-01
11	现行	《养老机构基本规范》	GB/T 29353—2012	规定了养老机构的基本要求、人员要求、管理要求、环境与设施设备要求和服务内容及要求。适用于全日制养老机构的运行和管理。不适用于非全日制的社区日间照料或托老服务机构	2013-05-01
12	现行	《生态环境健康风险评估技术指南总纲》	HJ 1111—2020	规定了生态环境健康风险评估的一般性原则、程序、内容、方法和技术要求。适用于指导生态环境管理过程中，为预防和控制与损害公众健康密切相关的环境化学性因素而开展的环境健康风险评估	2020-03-18
13	现行	《国家康养旅游示范基地》	LB/T 051—2016	规定了康养旅游基地建设的必备条件、基本要求。适用于全国范围内的康养旅游基地的建设	2016-01-05

附录　部分康养产业标准汇总

续表

序号	标准状态	名称	标准编号	范围	实施时间
14	现行	《旅游滑雪场质量等级划分》	LBT 037—2014	规定了旅游滑雪场的术语和定义、基本条件、等级及等级划分条件。适用于接待旅游者的室外旅游滑雪场的等级划分	2015-04-01
15	现行	《绿色旅游景区》	LB/T 015—2011	规定了旅游景区实施绿色管理和服务的规范要求和技术指标。适用于中华人民共和国境内各类旅游景区的管理和服务	2011-06-01
16	现行	《森林康养基地总体规划导则》	LY/T 2935—2018	规定了森林康养基地总体规划的任务、原则、选址、建设条件分析与评价、功能区划布局，以及森林康养产品、设施、服务、营销、生态系统保护等体系规划的技术要求。适用于森林康养基地总体规划的编制、修编，并指导基地的设计和建设	2018-06-01
17	现行	《森林康养基地质量评定》	LY/T 2934—2018	规定了森林康养基地质量评定的原则、指标及评价内容和计分方法等技术要求说明等。适用于森林康养基地建设、质量评定及国家森林康养基地试点单位验收	2018-06-01
18	现行	《养老机构老年人健康档案管理规范》	MZ/T 168—2021	规定了养老机构老年人健康档案基本要求、档案内容、记录要求及档案管理。适用于养老机构记录和管理老年人健康档案	2021-03-11

续表

序号	标准状态	名称	标准编号	范围	实施时间
19	现行	《养老机构生活照料操作规范》	MZ/T 171—2021	规定了养老机构老年人生活照料的服务项目、基本要求和服务操作规范。适用于养老机构老年人的日常生活照料服务	2021-03-11
20	现行	《养老服务认证技术导则》	RB/T 303—2016	规定了养老服务认证总则、认证评价指标选取、认证程序。适用于养老服务认证或评价	2017-06-01
21	现行	《居家养老服务规范》	SB/T 10944—2012	规定了居家养老服务的术语和定义、服务内容、基本要求、服务管理、客户关系管理等。适用于全国范围内提供居家养老有偿服务的服务机构	2013-09-01
22	现行	《足部保健按摩服务规范》	SB/T 11016—2013	规定了足部保健按摩的术语和定义、服务场所、足部保健按摩师要求、足部保健按摩服务流程、服务规范。适用于足部保健按摩服务	2013-12-01
23	现行	《健康客房技术规范》	SB/T 10582—2011	规定了健康客房技术规范相关术语和定义、基本要求和标识使用,并从设计、安全、卫生、环境、舒适性、照明、饮用水等方面对客房的设施设备和服务提出了具体的要求。适用于从事经营服务的饭店	2011-11-01
24	现行	《温泉服务业经营技术规范》	SB/T 10470—2008	规定了温泉服务业的术语和定义、温泉企业类型划分、温泉资源的管理、经营技术要求、服务设施设备以及从业人员要求等。适用于各种类型、不同规模的温泉经营企业,不适用于以其他热水提供沐浴的经营服务企业	2009-03-01

续表

序号	标准状态	名称	标准编号	范围	实施时间
25	现行	《国际旅行卫生保健中心质量管理标准及评价》	SN/T 2069—2008	规定了国际旅行卫生保健中心开展质量管理工作的标准及评价，不包含保健中心运作中应符合的法规和安全要求。适用于中华人民共和国国家质量监督检验检疫总局所属的各级国际旅行卫生保健中心开展质量管理工作的标准及评价	2008-11-01
26	现行	《老年人健康管理技术规范》	WS/T 484—2015	规定了65岁及以上老年人健康管理的流程及适宜技术要求。适用于基层医疗卫生机构提供国家基本公共卫生服务项目时对老年人健康管理的基本要求。中年人的健康管理可参照使用	2016-04-01
27	现行	《养老机构老年人健康档案技术规范》	DB11/T 1122—2020	规定了养老机构老年人健康档案的基本要求、内容与记录要求、归档管理。适用于养老机构老年人健康档案的建立和管理	2021-04-01
28	现行	《老年照护统一需求评估规范》	DB31/T 1201—2019	规定了开展老年照护统一需求评估的基本原则、组织架构、评估程序、现场评估要求、评估方法和内容、评估结果和应用以及评估质量评价和改进方面的要求。适用于老年照护统一需求评估的组织和实施	2020-03-01
29	现行	《康养旅游　养生旅游服务规范》	DB34/T 3875—2021	规定了养生旅游服务的术语和定义、基本要求、服务要求和服务质量控制与改进。适用于养生旅游服务	2021-02-25

续表

序号	标准状态	名称	标准编号	范围	实施时间
30	现行	《老年人照顾需求等级评定规范》	DB44/T 2231—2020	规定了老年人照顾需求等级评定的术语和定义、总则、评估主体及要求、评估指标、评估实施、评定等级确定、评定等级结果应用、评定报告和争议处理、评估质量监督和改进等内容。适用于在广东省内开展的老年人照顾需求等级评定工作	2020-07-22
31	现行	《养老机构介护老年人服务规范》	DB45/T 2238—2020	规定了养老机构介护老年人服务要求。适用于广西开展老年人介护服务的养老机构	2021-01-31
32	现行	《易地扶贫搬迁安置社区 第六部分：老年服务中心服务规范》	DB52/T 1553.6—2020	规定了易地扶贫搬迁安置社区老年服务中心服务的总体要求、服务内容及要求、服务流程、服务管理、评价与改进等。适用于易地扶贫搬迁安置社区（以下简称安置社区）老年服务中心的服务与管理	2021-04-01
33	现行	《养老机构失能失智老年人生活照料服务规范》	DB46/T 503—2019	规定了养老机构失能失智老年人生活照料服务的术语和定义、基本要求、服务要求、管理要求等。适用于海南省各类收住失能失智老年人的养老机构对其生活照料服务的规范	2020-02-01
34	现行	《医养结合机构服务规范》	DB41T 1374—2017	规定了医养结合机构的术语和定义、机构类型、养老机构设医疗机构、医疗机构设养老机构、医养联合体的服务要求、服务质量评价与改进。适用于河南省区域内医养结合机构服务的要求与评价	2017-07-24

续表

序号	标准状态	名称	标准编号	范围	实施时间
35	现行	《森林康养技能培训规范》	DB43/T 2047—2021	规定了森林康养技能培训的目标、内容、设施设备、师资、机构、形式及管理等内容。适用于森林康养从业人员技能培训	2021-06-02
36	现行	《老年人群医药健康管理服务技术规范》	DB22/T 3150—2020	规定了老年人群医药健康管理服务技术的流程及保健内容。适用于65岁以上老年人群医药健康管理	2020-09-20
37	现行	《养老机构医养结合服务规范》	DB32/T 3460—2018	规定了医养结合模式下的术语和定义、基本要求、基本服务、服务流程、服务管理和服务评估。适用于养老机构医养结合服务	2018-11-30
38	现行	《老年专列旅游服务规范》	DB2102/T 0003—2020	规定了老年专列旅游的基本安排、中途变更、旅游安全等内容。适用于旅行社提供老年专列旅游服务	2020-08-09
39	现行	《山东省中医药健康旅游示范区评定标准》	DB37/T 3743—2019	规定了山东省中医药健康旅游示范区的基本要求、评定条件、评定程序及管理。适用于山东省中医药健康旅游示范区的评定	2020-01-05
40	现行	《森林康养基地建设康养步道》	DB51/T 2644—2019	规定了康养步道建设的基本原则、功能和类型、步道建设、配套服务等。适用于四川省范围内森林康养基地康养步道的建设	2020-01-01

续表

序号	标准状态	名称	标准编号	范围	实施时间
41	现行	《中国长寿之乡健康养生服务示范城市（县）认定规范》	T/SXLM 002—2021	规定了中国长寿之乡"健康养生服务示范城市"的术语、认定原则、指标及赋值、评分表、认定程序及一般要求等。文件适用于近两年未出现过生态环境、公共卫生、养老服务等方面重大责任事故的中华人民共和国境内已取得"中国长寿之乡"称号的县、区、市或行政区划单位的认定	2021-09-01
42	现行	《康养基地评价要求》	T/CSI 0010—2021	规定了康养基地的术语和定义、分类、评价和分级。适用于康养基地的建设与管理	2021-07-01
43	现行	《森林康养人家标准》	T/LYCY 1026—2021	规定了森林康养人家建设的术语与定义、基本要求、环境和建筑、设施和设备、服务和接待、特色和其他以及环境管理等方面内容。适用于指导森林康养人家建设	2021-07-25
44	现行	《特色（呼吸系统）森林康养规范》	T/LYCY 3023—2021	规定了特色（呼吸系统）森林康养的适用对象、服务能力、康养流程、康养途径的要求内容。适用于特色（呼吸系统）森林康养服务规范、基地建设、产业构建	2021-07-15
45	现行	《特色（呼吸系统）森林康养基地建设指南》	T/LYCY 1024—2021	规定了特色（呼吸系统）森林康养基地建设的术语和定义、设立基本条件、环境条件、设施条件、服务条件、管理条件和其他要求等技术要求说明。适用于指导特色（呼吸系统）森林康养基地的设计和建设	2021-07-15

续表

序号	标准状态	名称	标准编号	范围	实施时间
46	现行	《国家级森林康养基地认定实施规划》	T/LYCY 013—2020	实施规则适用于森林康养基地认定机构对国家级森林康养基地的认定	2021-01-10
47	现行	《国家级森林康养基地认定办法》	T/LYCY 014—2020	规定了国家级森林康养基地认定的原则、方法和认定结果等要求。适用于对国家级森林康养基地的认定	2021-01-01
48	现行	《国家级森林康养基地标准》	T/LYCY 012—2020	规定了国家级森林康养基地的必备条件和基本要求。适用于国家级森林康养基地的认定	2021-01-01
49	现行	《智慧健康养老标准体系建设指南》	T/SIOT 310—2020	规定了智慧健康养老的标准体系,对技术与装备、支撑保障、服务提供及管理规范等方面的体系建设进行标准化	2020-12-31
50	现行	《气候康养地评价》	T/CMSA 0019—2020	规定了气候康养地的基本评价指标、配套评价指标、典型康养气候分型和评价方法等。适用于气候康养地的评定	2020-09-14
51	现行	《生态康养基地评定标准》	T/CCPEF 056—2019	适用于全国范围内正在营业或正在建设,部分核心功能已经运营的生态康养基地评定,以及综合体项目内生态康养基地部分的评定	2020-06-01
52	现行	《全国生态养生示范村建设技术规程》	T/CCPEF 002—2016	旨在解决生态养生的系统性、科学性,立足良好的生态环境,充分利用生态资源建立自我保健模式,调整一种和谐的个体—社会—环境之间的稳定关系,创造良好的生存和生活环境,放松身心,适当锻炼,有效养生、提高免疫系统,从而达到保健和治疗的作用。是生态养生示范村建设的规划纲要和指导性文件,是命名评定工作的依据	2016-11-20

续表

序号	标准状态	名称	标准编号	范围	实施时间
53	现行	《传统中医养生服务管理规范》	T/CAS 382—2019	规定了传统中医养生服务的服务场所、服务人员、服务要求和服务管理。适用于养生服务机构、养老服务机构、健康管理机构、健康服务机构、治未病中心、体检中心、亚健康服务中心、营养指导顾问机构以及基层卫生服务机构等提供养生保健服务内容的机构	2019-11-25
54	现行	《养生气候类型划分》	T/CMSA 0008—2018	规定了养生气候的划分方法及其类型。适用于养生气候资源的分类和利用等工作	2018-12-21
55	现行	《中医健康管理服务规范》	T/CACM 006—2016	适用于指导和规范中医健康管理流程、内容和方法的规范性文件。编写目的旨在为各健康管理机构和健康管理人员提供技术操作规范，使中医健康管理技术更好地为广大民众的健康服务。中医健康状态信息采集是在中医学理论指导下，通过望、闻、问、切采集受检者临床信息，从而为健康状态评估、健康状态调理提供依据的方法和过程	2016-09-01
56	现行	《国际康养旅游度假区建设服务和管理规范》	DB5104/T 22—2020	规定了国际康养旅游度假区的术语和定义、基本要求、评价验收要求	2020-10-09
57	现行	《医养结合服务点 第1部分：通用要求》	DB5104/T 23—2020	规定了医养结合服务点的建设、服务、管理和验收评价方面的内容和要求。适用于攀枝花市母婴和托育服务类、青年服务类、中老年非住宿服务类、老年住宿医养结合服务点	2020-10-09

续表

序号	标准状态	名称	标准编号	范围	实施时间
58	现行	《医养结合服务点 第2部分：母婴保健及托育服务类》	DB5104/T 24—2020	规定了母婴保健及托育服务类医养结合服务点的建设、服务、管理和验收要求	2020-10-09
59	现行	《医养结合服务点 第3部分：老年住宿服务类》	DB5104/T 25—2020	规定了老年住宿服务类医养结合服务点的建设、服务、管理和验收的内容及要求	2020-10-09
60	现行	《特色康养村建设管理服务规范》	DB5104/T 26—2020	规定了特色康养村需要具备的疾病条件，以及建设、服务、管理和验收评价的规范要求	2020-10-09
61	现行	《康养旅居地康养民宿建设、服务与管理规范》	DB5104/T 30—2020	规定了康养民宿管理与服务规范的术语和定义、必备条件、建设要求、服务要求、管理要求	2020-10-09
62	现行	《康养旅居地老龄友好康养社区建设、服务与管理规范》	DB5104/T 28—2020	规定了康养旅居地老龄友好康养社区建设、服务与管理规范的基本准则、选址、公共建设、居住建筑、服务提供等内容	2020-10-09
63	现行	《康养旅居地精品酒店建设、服务与管理规范》	DB5104/T 27—2020	规定了康养旅居点精品酒店（含品牌酒店）的建设、管理、服务和验收评价基本要求	2020-10-09
64	现行	《康养旅居地汽车露营地建设、服务与管理规范》	DB5104/T 29—2020	规定了汽车露营地建设、服务与管理要求	2020-10-09
65	现行	《攀枝花市康养产业图形符号设置及维护指南》	DB5104/T 1—2018	规定了康养机构及康养类设施设备通用标识符号、基本要求、规格和参数、设置与安装、管理与维护	2019-01-01

续表

序号	标准状态	名称	标准编号	范围	实施时间
66	现行	《攀枝花市康养志愿者服务管理规范》	DB5104/T 2—2018	规定了攀枝花市康养志愿者服务工作组织管理、服务原则、服务内容、服务要求、服务评价与改进等方面的要求	2019-01-01
67	现行	《攀枝花市养老护理常见风险防范基本要求》	DB5104/T 3—2018	规定了养老护理中常见风险、基本要求和防范要求	2019-01-01
68	现行	《攀枝花市疗养型康养服务规范》	DB5104/T 4—2018	规定了疗养型康养服务的术语和定义、基本要求、服务内容和要求、服务质量评价及改进等	2019-01-01
69	现行	《攀枝花市健康养生膳食指南》	DB5104/T 5—2018	规定了攀枝花市健康养生膳食的基本要求、食材要求、烹调健康、饮食行为健康	2019-01-01
70	现行	《攀枝花市家庭病床诊疗服务规范》	DB5104/T 6—2018	规定了开展家庭病床诊疗行为的术语与定义、服务范围、服务机构人员及配置、服务项目、服务流程、服务内容、医疗安全管理要求、评价与改进的要求	2019-01-01
71	现行	《攀枝花市老年人健康档案的建立与管理规范》	DB5104/T 7—2018	规定了老年人健康档案的建立与管理工作的基本原则、建档流程、评估项目、建档内容与要求、健康指导与管理要求、存档要求	2019-01-01
72	现行	《攀枝花市医养结合机构老年人常规健康管理指南》	DB5104/T 8—2018	规定了常见老年疾病健康管理和常见老年疾病健康处方的相关指南	2019-01-01

续表

序号	标准状态	名称	标准编号	范围	实施时间
73	现行	《攀枝花市医养机构老年人突发危重症识别处置转诊指南》	DB5104/T 9—2018	规定了医疗机构老年人危重症术语和定义、晕厥、昏迷、抽搐、呼吸困难、心悸、急性头痛、急性腹痛、咯血、消化道出血、血尿、呕吐、腹泻、少尿与无尿、急性尿潴留和急性脑血管病的病因分类、识别、处置及转诊要求	2019-01-01
74	现行	《攀枝花市康养产业基础术语》	DB5104/T 162—2017	规定了攀枝花市康养产业相关的基础术语	2018-01-01
75	现行	《攀枝花市候鸟型养老服务规范》	DB5104/T 163—2017	规定了候鸟型养老服务的术语和定义、基本要求、服务内容与要求、服务质量评价与改进等	2018-01-01
76	现行	《攀枝花市社区居家养老服务规范》	DB5104/T 164—2017	规定了社区居家养老的基本原则、服务平台、服务提供者、服务内容和要求、服务质量管理等内容	2018-01-01
77	现行	《攀枝花市社区居家养老服务质量评价通则》	DB5104/T 165—2017	规定了社区居家养老服务质量评价的术语和定义、评价原则、评价范围和内容、评价流程等方面的要求	2018-01-01
78	现行	《攀枝花市老年康养社区建设基本要求》	DB5104/T 166—2017	规定了老年康养社区建设的基本原则、选址、公共建设、居住建筑、服务提供等内容	2018-01-01
79	现行	《攀枝花市养老机构护理区建设基本要求》	DB5104/T 167—2017	规定了护理型养老机构建设的总则、选择及规划布局、公共区域、建筑设计、装饰及配套设施等内容	2018-01-01

续表

序号	标准状态	名称	标准编号	范围	实施时间
80	现行	《攀枝花市康养民居旅馆服务质量等级划分基本要求》	DB5104/T 168—2017	规定了康养民居旅馆的服务质量、运营管理、等级划分、等级评定、等级复核、监督管理的规范要求	2018-01-01
81	现行	《攀枝花市运动康复行为指南》	DB5104/T 169—2017	规定了运动康复的一般原则、康复对象、工作内容、复核评估	2018-01-01
82	现行	《攀枝花市运动康养特色小镇建设基本要求》	DB5104/T 170—2017	规定了攀枝花市运动康养特色小镇的术语和定义、总则、基础条件、建设要求、配套管理等方面的内容	2018-01-01
83	现行	《攀枝花市汽车自驾游服务规范》	DB5104/T 171—2017	从线路服务、产品服务、营地服务、车辆服务等角度出发，提出了对汽车自驾游服务的基本要求	2018-01-01
84	现行	《攀枝花市工业旅游服务规范》	DB5104/T 172—2017	规定了包括接待服务、游览服务、导游服务、交通服务、餐饮服务、购物服务、咨询服务等在内的工业旅游服务的基本要求，并提出了安全管理、环境管理、投诉处理等方面的要求	2018-01-01
85	现行	《攀枝花市特产店建设和改造规范》	DB5104/T 173—2017	规定了攀枝花市特色店的建设的总则、基础设施、环境设施、服务质量、经营管理等方面的内容和要求	2018-01-01
86	现行	《康养产业项目认定规范》	DB5104/T 82—2023	规定了攀枝花市康养产业项目认定的术语和定义、评定原则、业态分类、认定条件、认定程序及管理	2023-11-13

续表

序号	标准状态	名称	标准编号	范围	实施时间
87	现行	《养老机构护理型床位认定要求》	DB37/T 3587—2023	规定了养老机构护理型床位的认定条件、认定程序等	2023-09-03
88	现行	《健康养老服务标准体系》	DB14/T 2154—2020	规定了健康养老服务标准体系的术语和定义、基本原则、标准体系、标准明细表、标准统计表	2020-11-10
89	现行	《乡村康养旅游示范村等级划分与评定》	DB41/T 2283—2022	规定了乡村康养旅游示范村的等级划分、评定条件和方法	2022-10-10
90	现行	《康养旅游基地服务规范》	DB14/T 2502—2022	规定了康养旅游基地服务的术语和定义、基本要求、康养项目、基础服务、评价与改进	2022-11-10
91	现行	《自驾车旅居车露营地康养服务指南》	DB14/T 2802—2023	规定了自驾车旅居露营地康养服务的术语和定义、基本要求、服务内容、服务方式、人员、设施设备、服务管理	2023-08-31
92	现行	《贵州省森林康养基地建设规范》	DB52/T 1198—2017	规定了贵州森林康养基地建设的术语和定义、设立基本条件、分区建设、康养服务设施、基础设施、康养技术人员	2018-01-18
93	现行	《黄河人家 长城人家 太行人家服务规范》	DB14/T 2156—2020	规定了黄河人家、长城人家、太行人家服务的基本要求、一般要求、特色服务、交通服务、接待服务、餐饮服务、住宿服务、购物服务、研学服务、演艺服务、康养服务、其他服务	2020-09-28

资料来源：根据国家标准公开系统整理。

参考文献

[1] 李斌.《"健康中国2030"规划纲要》辅导读本 [M]. 北京：人民卫生出版社，2017.

[2] 中共中央 国务院印发《"健康中国2030"规划纲要》[EB/OL]. (2016-10-25) [2023-06-20]. https://www.gov.cn/zhengce/2016-10/25/content_5124174.htm.

[3] 李春田，房庆，王平. 标准化概论 [M]. 7版. 北京：中国人民大学出版社，2022.

[4] 国家市场监督管理总局. 国家标准化发展纲要 [M]. 北京：中国标准出版社，2022.

[5] 国家标准化管理委员会.《国家标准化发展纲要》解读 [M]. 北京：中国标准出版社，2022.

[6] 陈宗胜，等. 实施标准化战略 助力高质量发展 [J]. 福建市场监督管理，2022 (10)：17-18.

[7] 崔雪娇. 山西省康养旅游发展模式研究 [J]. 经济师，2023 (9)：146-148.

[8] 房红. 攀枝花阳光康养产业发展模式与推进路径研究 [J]. 攀枝花学院学报，2023，40 (3)：34-40.

[9] 房红，等. 康养产业：概念界定与理论构建 [J]. 四川轻化工大学学报（社会科学版），2020，35 (4)：1-20.

[10] 高妍蕊. 康养产业发展要加强体制机制和信用体系建设《中国城市养老指数蓝皮书2017》在京发布，多部委专家聚焦中国老龄化及康养产业发展 [J]. 中国发展观察，2017 (17)：41-42，40.

[11] 何莽．中国康养产业发展报告（2020）[M]．北京：社会科学文献出版社，2021．

[12] 何莽．中国康养产业发展报告（2021）[M]．北京：社会科学文献出版社，2022．

[13] 何莽，等．中国康养产业发展报告（2022～2023）[M]．北京：社会科学文献出版社，2023．

[14] 胡燕利，等．华北地区老年人康养服务需求现状及影响因素分析[J]．护理研究，2022，36（21）：3781－3786．

[15] 胡英姿．刍议标准化内涵与标准化工作[J]．航天标准化，2011（1）：43－46．

[16] 健康中国行动推进委员会．健康中国行动（2019—2030年）[EB/OL]．(2019－07－15）[2023－06－20]．https：//www.gov.cn/xinwen/2019－07/15/content_5409694.htm．

[17] 金燕芳．标准化理论体系构建方案探讨[J]．世界标准化与质量管理，2005（12）：13－14．

[18] 李博，等．中国康养产业的生成路径与发展模式[J]．内江师范学院学报，2022，37（12）：93－97，105．

[19] 李美兰，苏蓉．丽江市康养旅游与体育赛事融合发展现状及对策分析[J]．文体用品与科技，2023（16）：127－129．

[20] 刘宏娇．食品标准化对于食品质量安全的保障作用分析[J]．食品安全导刊，2022（20）：19－21．

[21] 陆杰华，林嘉琪．长寿红利时代积极应对老龄化的战略视野及其行动框架[J]．行政管理改革，2022（1）：20－25．

[22] 骆伟强．惠州市旅游服务标准化的理论与实践探讨[J]．中国标准化，2017（6）：23，25．

[23] 牛娜娜．标准化工作改革后我国国家层面团体标准化政策法规体系研究[J]．中国标准化，2022（21）：46－51．

[24] 曲富有，卫学莉，张帆．健康中国战略下康养产业发展现状与

路径探析 [J]. 中国管理信息化, 2023, 26 (12): 185-187.

[25] 宋璐. 山西省森林康养产业发展现状及建议 [J]. 山西林业科技, 2023, 52 (3): 61-62.

[26] 宋明顺, 周立军. 标准化基础 [M]. 北京: 中国标准出版社, 2018.

[27] 孙洪安. 推进标准化城市建设的思考与建议 [J]. 中国市场监管研究, 2022 (5): 68-73.

[28] 孙永立, 张燕. 原卫生部副部长张凤楼: 规范化、标准化、现代化是中医农业的关键 [J]. 中国食品工业, 2021 (23): 14-15.

[29] 唐晓丹. 康养产业的标准化研究和推广正当其时 [EB/OL]. (2020-11-07) [2023-06-20]. https://www.sohu.com/a/430261179_120643732.

[30] 田世宏, 等. 标准化理论与实践 [M]. 北京: 中国标准出版社, 2023.

[31] 王淳佳, 张倩, 李文宇. 新形势下标准化发展现状及趋势研究 [J]. 标准科学, 2022 (S2): 102-107.

[32] 王方杰. 健康养老 推进康养产业高质发展 [J]. 民生周刊, 2022 (25): 40.

[33] 王平. 国内外标准化理论研究及对比分析报告 [J]. 中国标准化, 2012 (5): 39-50.

[34] 杨继瑞, 赖昱含. 中国西部康养产业发展论坛观点综述 [J]. 攀枝花学院学报, 2018, 35 (1): 112-116.

[35] 袁文静. 标准化高质量发展面临的问题与任务——访十三届全国人大常委会委员、财经委员会委员、国务院发展研究中心创新发展研究部委员 吕薇 [J]. 中国标准化, 2022 (20): 7-17.

[36] 张旭辉, 李杰, 李博. 成渝地区双城经济圈康养"后花园"建设策略研究——基于康养体验感知价值的视角 [J]. 四川轻化工大学学报 (社会科学版), 2021, 36 (5): 25-41.

[37] 周坚锋. 谈谈如何开展好标准化试点示范项目建设 [J]. 中国标准化, 2022 (22): 18-21.

[38] 朱斌, 周剑锋, 陈晓红. 解读《国家标准化发展纲要》对标准化服务业的指导与建议 [J]. 中国标准化, 2022 (20): 60-63.

后　　记

　　本书对康养产业的标准化进行了深入的研究和探讨，旨在推动康养产业的健康发展，提升行业的整体质量和水平。本书可以为从事康养产业相关工作的人员提供一些新思路和启示，为康养行业的规范化发展提供理论基础和实践指南。

　　在康养产业的发展过程中，标准化是一个非常重要的环节。标准化不仅能够统一各项工作的质量和规范，还可以提高康养服务的品质和水平，让消费者更加信任和满意。康养产业需要可持续发展，而标准化是实现这一目标的必要手段之一。

　　在编写本书的过程中，对各种标准化方法和标准制定的实践经验进行了广泛梳理和分析，深入探讨了康养产业标准制定的原则、标准体系和标准实施等方面。同时，还结合国内外康养产业的最新发展状况和趋势，对未来的标准化工作进行了展望和思考。

　　最后，感谢所有为本书提供帮助和支持的人们，包括为本书提供数据和资料的专家学者、为本书提供案例和经验分享的康养从业者、为本书提供出版支持的出版机构等。